미명의 그리스도인

새벽의 끝에 선 예수님의 제자들

미명의 그리스도인

김지철 지음

아드폰테스

마지막 시대를 일깨울 믿음의 한 사람이 되라!

미명(未明)이란 아직 밝지 않은 때를 뜻합니다. 밝다고 하기에도 어둡다고 하기에도 애매한 시간이지만, 분명한 것은 밝은 빛이 아주 가까이에 있는 때입니다. 그래서 미명은 어둠과 밝음의 경계선입니다. 우둔과 지혜의 경계선이고, 땅과 하늘의 경계선입니다. 하지만 경계선에만 머무는 것은 위험한 일입니다. 경계에만 계속 서 있으면 회색분자로 기회주의자로 여겨질 수 있습니다. 이곳은 그냥 지나가야 하는 자리일 뿐 계속 머물 자리가 아닙니다.

예수님의 제자들의 영적 상태는 '미명' 그 자체입니다. 경계에 선 존재들로서 예수님의 제자가 아니라고 하기에는 순전한 헌신과 뒤따름이 있습니다. 그렇다고 예수님의 제자라고 부르기에는 우둔하고 비굴한 모습을 보입니다. 성경 속 예수님의 제자들을 묵상하면서 알게 된 몇 가지 특징들이 있습니다.

첫째, 예수님이 제자들을 선택하는 방식은 아주 독특합니다. 당대의 랍비 전통을 뛰어넘었습니다. 제자가 선생을 택하던 방식이 아니라 예수님이 주도적인 역할을 하시며 제자가 될 만한 사람들을 부르시고 직접 결정하셨습니다. 당시 세상에서 잘 나가는 지식인이나 종교인을 부르지 않았습니다. 오히려 하루하루의 삶을 어떻게 영위할까 걱정하며 자기 삶의 자리에서 고뇌하는 평범한 사람들을 부르셨습니다.

둘째, 예수님의 제자들은 크게 두 부류로 나눌 수 있습니다. 하나는 예수님과 함께 먹고 마시고, 숙박을 하면서 예수님의 말씀과 사역에 직접 참여했던 제자들입니다. 가족과 직업 모두 내려놓고 예수님의 뒤를 따른 열두 제자가 그렇습니다. 다른 하나는 예수님과 늘 동행하지는 않았지만 예수님이 자기 동네에 오셨을 때에 집에 초청하며, 말씀을 듣고 기도와 물질로 후원하는 제자들입니다. 베다니에 살았던 나사로와 그의 누이들이 그 예입니다.

셋째, 예수님의 주위에 열두 제자로 일컬어지는 남자 제자들이 있었습니다. 마지막 십자가의 길을 가는 예수님께서 체포되고 재판받는 현장에서 남자 제자들은 모두 도망쳤습니다. "제자들이 다 예수를 버리고 도망하니라"(막 14:50). 하지만 이름이 잘 드러나지 않았지만 마지막까지 예수님의 곁에 남아 있었던 이들은 여자 제자들이었습니다. "멀리서 바라보는 여자들도 있었는데 그중에 막달라 마리아와 또 작은 야고보와 요세의 어머니 마리아와 또 살로메가 있었으니 이들은 예수께서 갈릴리에 계실 때에 따르며 섬기던 자들이요 또 이외에 예수와 함께 예루살렘에 올라온 여자들도 많이 있었더라"(막 15:40,41).

넷째, 예수님의 제자가 된다는 것은 그저 예수님과 인생을 한 번 논하고 마는 것이 아니었습니다. 예수님은 그들에게 "나를 따르라. 그리고 내게 와서 배우라!"라고 선포하셨습니다. 말하자면 도제 방식을 택하신 것입니다. 이 부르심이 일방적이라고 해도 사람들을 겁주고 억누르려는 의도를 담고 있는 것은 아닙니다. 예수님은 제자들에게 인격적인 교제를 요청하셨습니다. 예수님이 몸으로 보여주셨던 생명의 말씀, 진리의 말씀은 삶과 삶이 직접 부딪치며 경험해야 하는 것이었습니다. 이런 부르심을 통해서 제자들은 하나님이 쓰실 만한 자유로운 사명자로 다시 태어났습니다.

다섯째, 예수님과 3년을 함께한 제자들의 삶은 결코 성공적이었다고 말할 수가 없습니다. 오히려 그들은 너무 쉽게 유혹에 넘어졌고, 위험에 처하면 비겁하게 도망갔습니다. 예수님께서 많은 가르침을 주셨지만, 그들에게는 깨달음이 부족했고 그래서 그 뜻을 자꾸 되묻곤 했습니다. 공동체를 생각하기보다 자기중심적이고 이기주의적인 마음을 드러냈습니다. 자신의 욕망과 야망을 이루고자 예수님을 따랐던 제자들도 있었습니다.

예수님을 만나면 변화가 시작된다

그렇다면 제자들이야말로 '미명의 그리스도인'이 아니겠습니까? 예수님을 뒤따르며 생명과 빛을 가슴에 품고 새로운 길을 떠났지만 여전히 옛 자아에 매여 어둠 속에 방황하는 안타까운 모습도 계속 보이니 말입니다. 그런 미명의 제자들이 예수님 안에서 진정한 자아를 되찾고, 분명한 사명감을 지닌 성령의 사람으로 드러날 때까지 아직 가야 할 길이 너무 멉니다. 살아 있으나, 온전히 살아 있지 못합니다. 빛 속에 있으나, 어둠 속에 갇혀 있습니다.

요지부동하던 제자들에게 진정한 변화가 일어나는 때는 언제일까요? 부활하신 예수님을 만나면서 변화가 시작됩니다. 부활하신 예수님의 영, 즉 성령이 제자들에게 임할 때부터 정말 제자다운 제자가 될 수 있었습니다. 억지로 끌려가는 것이 아니라, 자원하는 마음으로 하나님의 자녀 된 기쁨을 누리는 제자들로 변합니다.

여섯째, 복음서에 기록된 제자들의 모습에는 우리의 모습이 투영되어 있습니다. 예수님의 제자가 되었다는 자긍심을 지녔으면서도, 생각하는 것이나 말과 행동은 반대 방향으로 나아갔던 적이 너무 많았기 때문입니다. 매일 실수하고, 넘어지고, 고꾸라지는 것이 바로 우리들의 모습입니다. 장애물과 유혹 앞에서 두려워하고 걸려 넘어지는 제자들의 모습을 반면교사와 타산지석으로 삼아야겠습니다. 또한 위기 속에서도 다시 일어서는 제자들의 믿음을 보면서, 우리들도 예수님과 함께 다시 시작할 수 있는 용기를 가질 수 있기를 기도합니다.

일곱째, 날이 아직 밝지 않은 때에 예수님이 오셨습니다. 사람들이 구원자 메시아를 간절히 기다리던 때에, 죄와 병마와 죽음의 운명에서 벗어날 생각도 못하던 때에 예수님은 이스라엘의 변방 갈릴리에서 제자들을 만나셨습니다. 아마 예수님은 미명의 그리스도인들을 만나기 위해 새벽 미명마다 한적한 곳을 찾아 기도하셨던 것 같습니다. "새벽 오히려 미명에 예수께서 일어나 나가 한적한 곳으로 가사 거기서 기도하시더니"(막 1:35, 개역한글). 그렇게 제자들을 부르시고 하나님 나라를 세워 가신 예수님은 십자가에서 마지막 사명을 성취하셨습니다. "다 이루었다"(요 19:30)라고 말씀하시며 숨을 거두신 예수님의 모습은 처참하고 무력해 보이기까지 했습니다. 그러나 죽음이 끝은 아니었고 약속하신 대로 죽음을 이기셨습니다. 칠흑 같은 어둠을 미명으로, 미명을 아침으로 바꾸셨습니다. 우리를 부르시는 분이 바로 이 예수님입니다. 예수님께서 성령을 통해서 우리를 제자로 부르고 계십니다. 미명의 그리스도인에게 새로운 하나님의 역사를 써 나가라고 빛을 비추십니다.

이 책은 '예수님의 제자들'이라는 시리즈 설교를 책으로 묶어낸 것입니다. 설교 원고를 책으로 편집하기 위해 애를 써준 강영롱 목사, 박혜영 전도사에게 감사를 드립니다. 그들의 수고와 땀 흘림이 없인 이 책이 나올 수가 없었습니다. 아드폰테스 편집진에게도 깊은 고마움을 표시합니다.

2015년 여름
장마 끝 무더위 속에서
김지철 목사

◆ 7월 7일, 이 원고를 마칠 즈음에 네 번째 손녀가 태어났다. 외손녀다. 생명이 마냥 신비롭고 감사하다. 나 혼자라고 외롭다며 불평한 기억이 엊그제 같은데, 벌써 열 명의 대가족이 되었다. 늘 내 곁에서 신학자에 이어 목회자로 살아가는 모습을 지켜보고 격려하는 사랑하는 아내에게 고마움을 전한다. 목사의 뒤를 따르고 있는 의혁이와 의사의 길을 가는 의경이도 대견하다. 며느리 성혜, 사위 근영이를 얻게 된 것은 큰 기쁨이었다. 예안과 태안, 가은과 시은, 사랑스러운 손녀 손자까지 주셨다. 생각하면 생각할수록 그저 감사할 뿐이다.

contents

1부

왜 아직 어둠에 있는가?

마태복음 27:3-8

3 그때에 예수를 판 유다가 그의 정죄됨을 보고 스스로 뉘우쳐 그 은
  삼십을 대제사장들과 장로들에게 도로 갖다 주며

4 이르되 내가 무죄한 피를 팔고 죄를 범하였도다 하니 그들이 이르
  되 그것이 우리에게 무슨 상관이냐 네가 당하라 하거늘

5 유다가 은을 성소에 던져 넣고 물러가서 스스로 목매어 죽은지라

6 대제사장들이 그 은을 거두며 이르되 이것은 피값이라 성전고에 넣
  어둠이 옳지 않다 하고

7 의논한 후 이것으로 토기장이의 밭을 사서 나그네의 묘지를 삼았으니

8 그러므로 오늘날까지 그 밭을 피밭이라 일컫느니라

가룻 유다

회개는
기회다

하나님 앞에 완전히 무너져야 한다

예수님의 제자들은 당시 별 볼 일 없던 사람들이었습니다. 사회적
으로 인정받는 직업을 가진 것도 아니었고, 사람들에게 존경을 받
던 사람들도 아니었습니다. 평범한 시골 출신인 데다 경제적 지위
만으로 보면 하층민들이었습니다. 그렇다면 예수님은 어떤 기준으
로 제자들을 선택하셨을까요? 그들에게는 몇 가지 공통점이 있었
습니다.

그들은 기다림의 영을 지닌 사람들이었습니다. 변화될 삶을 기대하며 예수님의 부르심에 응하고 난 뒤 모든 것을 새롭게 시작한 사람들이었습니다. 또한 그들은 용기 있게 도전하는 사람들이었습니다. 생각만 하고 결단하지 못하는 사람들이 아니라 지금까지의 삶을 단번에 내려놓고 새로운 세계로 발을 내딛을 줄 알았습니다. 마지막으로 그들은 보석이 아니라 원석이었습니다. 다듬어지지 않은 성품을 지닌, 이기적이고 욕심 많은 사람들이었습니다. 다른 사람과 경쟁하고 잘 다투며 성숙과는 거리가 멀었습니다. 그럼에도 불구하고 예수님은 그들이 갈고 닦으면 빛이 날 사람들임을 아시고 기대를 가지고 사랑과 정성을 쏟아부으셨습니다. 그들과 함께 먹고 마시고 대화하며 하나님 나라의 비전을 심어주셨습니다. 공생애 기간 동안에 예수님은 제자들을 다듬어가셨습니다.

　　그런데 우리의 기대만큼 제자들은 금방 변하지 않았습니다. 인간이란 본래 잘 변하지 않는 존재가 아닙니까? 감동을 받아도 그 순간뿐입니다. 결심을 해도 지속되지 않습니다. 마음으로는 변화되기를 원하지만 금세 익숙한 것에 안주해버립니다.

　　그렇다면 언제 사람이 변한다고 생각하십니까? 어떤 사람들은 자발적으로 끊임없이 자기 갱신을 시도하면 변할 수 있다고 합니다. 그러나 우리 모두가 경험해보았듯이 죽기 전까지 자기 인생을 계속해서 갱신해나간 사람은 거의 없습니다. 또 어떤 사람들

자신보다 더 큰 힘과 권세를 가진 사람이 강제로 규제하면 변화될 것이라고 합니다. 처음에는 변화되는 것처럼 보일 수도 있겠지만 겉으로만 그렇게 보일 뿐입니다.

사람이 진짜 변화가 되는 때는 언제일까요? 제자들을 보면 그들이 인생의 밑바닥을 경험할 때입니다. 내가 세운 계획들이 완전히 무너지고, 내 인생이 폐기 처분 대상이라고 느낄 때, 자신의 무능력을 철저하게 경험할 때 바뀌었습니다. 인생의 바닥을 치고서 주저앉을 뻔했지만, 예수님과 함께 다시 시작한 사람이 바뀌었습니다. 제자들이 이런 과정을 겪었습니다.

새로운 세상을 기대했던 사람들

그렇다면 제자들은 왜 예수님을 따랐을까요? 첫째는 예수님이 선포하신 하나님 나라가 매력적으로 들렸기 때문입니다. 당시 그들이 살던 나라는 제사장과 바리새인들, 종교인들이 떵떵거리며 부자들과 권력을 지닌 사람들이 판치는 곳이었습니다. 그러나 예수님이 선포하신 하나님 나라는 그렇지 않았습니다. 하나님만이 친히 다스리시는 나라였습니다. 예수님께서 "하나님의 나라가 가까이 왔다. 회개하라! 복음을 믿으라!"라고 선언하셨으니 제자들은 얼마나 기대가 되었겠습니까? 새로운 시대가 도래했다는 말씀 앞에 사람들이 몰려들었습니다.

둘째는 예수님이 일으키셨던 치유와 기적들 때문입니다. 예수님은 병든 자를 친히 만지시고 그들을 고치셨습니다. 그리고 귀신을 내쫓으셨습니다. 기적을 행하시며 이것이 바로 하나님 나라의 표징이라고 가르치셨습니다. 3년이라는 짧은 기간 안에 예수님께 수많은 사람들이 몰려들었던 것은, 예수님이 눈에 보이는 세계에 커다란 충격을 가하셨기 때문입니다. 사람들은 그동안 보지 못했던 새로운 세계를 보았습니다. 그래서 예수님을 따라나섰습니다.

셋째는 예수님의 가르침에 지혜와 총명이 넘쳤기 때문입니다. 예수님의 말씀 하나하나는 당시 종교 지도자들의 이야기와는 너무나 달랐습니다. 종교 지도자들은 모세의 권위를 빌어서 말했지만, 예수님은 스스로 권위 있게 말씀하셨습니다. 모세의 율법을 그대로 말씀하시는 것이 아니라 그것을 수정하기도 하시고 새로운 말씀을 더하기도 하셨습니다. 예수님의 지혜를 막을 사람이 아무도 없었습니다. 사람들은 예수님의 말씀 앞에서 종교 지도자들이 말문을 막히는 모습을 종종 보았고 그런 모습을 재미있게 여겼습니다.

넷째는 예수님의 사랑과 훌륭한 인품 때문입니다. 예수님은 연약한 사람들을 인자한 눈으로 보셨습니다. 병든 사람을 고치실 때에는 그들의 아픈 부위에 직접 손을 대시기도 하셨습니다. 여자를 무시하지 않으셨고, 아이들이 가까이 오는 것을 허락하시고 안아주셨습니다. 그래서 예수님 곁에 있었던 사람들은 예수님의 겸손과 넓은 마음을 경험할 수 있었습니다.

열두 명의 제자들이 이런 네 가지 특성을 모두 깨달은 것은 아니었을지라도 이들 마음속에서는 한 가지 공통적인 기대가 있었습니다. 바로 예수님께서 여실 하나님 나라에 대한 것이었습니다. 로마 제국이 무너지고, 부패한 유다 왕국이 무너질 것을 기대했습니다. 예수님이라면 이 부패한 종교인들의 체제를 곧 무너트리실 것 같았습니다. 이런 정치적인 기대를 가지고 제자들은 예수님을 좇았습니다.

회개 없는 후회냐, 회개 있는 후회냐

그중에서도 특히 예수님에 대한 기대가 컸던 제자가 있습니다. 예수님께 제자로 선택받았고, 인생의 밑바닥까지 내려가는 경험도 했지만, 결국 '예수님을 판 자'라고 낙인이 찍히고만 가룟 유다입니다.

우리는 가룟 유다의 이야기를 들을 때마다 우리 마음속에 있는 가룟 유다를 보게 됩니다. 그래서 이런 도발적인 질문이 생길 때도 있습니다. '유다는 악역을 도맡은 사람일 뿐인데 그를 예수를 판

자, 배반자라고 낙인찍는 것은 너무한 것 아닌가? 악역이 있어야 주인공이 빛나는 것 아닌가? 운명론적으로 온 인류를 위해 가장 비열하고 비겁한 역할이 주어진 것이라면 그를 너무 비난해서는 안 되는 것 아닌가? 오히려 그는 불쌍한 사람이 아닐까?'

그래서 저는 유다가 등장하는 성경 구절들을 이런 시각으로 다시 읽어보았습니다. 그러나 결론은 '유다에게는 유다의 책임이 있다.'였습니다. 이것만큼은 명확했습니다.

유다는 예수님의 열두 제자 중에서 돈에 관심이 가장 많았던 제자였습니다. 재정 관리를 맡았기에 돈이 중요하다는 것을 누구보다 잘 아는 사람이었습니다. 돈이 있어야 사람들의 호기심을 살 수 있고, 돈이 있어야 혁명을 할 수 있으며, 돈이 있어야 이 세계를 움직일 수 있다고 생각한 것 같습니다. 게다가 그는 정치권력에도 관심이 있었습니다.

예수님이 이러한 유다를 제자로 택하셨을 때, 그가 가진 욕심과 야망을 모르셨을까요? 당연히 알고 계셨을 것입니다. 하지만 그것은 유다만의 문제가 아니었습니다. 베드로에게도 문제였고, 야고보와 요한에게도 문제였습니다. 예수님은 그에게 변화될 수 있는 기회를 주고 싶으셨던 것입니다. 욕심 많은 유다가 순전한 제자로 변화되길 그 누구보다 원하셨습니다. 그래서 그를 제자로 초청하셨습니다.

유다에게도 기회가 있었습니다. 그런데 결말이 좋지 않았습니다. 그는 결국 실패하고 말았습니다. 유다처럼 베드로도 예수님을 배반했지만 그는 달랐습니다. 베드로에게도 엄청난 후회가 밀려왔지만 그는 예수님께로 다시 돌아서서 회개의 길로 나갔습니다. 반면 유다는 '회개 없는 후회'로 인생을 마쳤습니다.

예수님은 끝까지 기회를 주신다

사실 예수님은 유다에게 여러 차례 기회를 주셨습니다. 그의 생각과 삶이 변화받을 수 있는 기회 말입니다. 예수님이 유다를 제자로 부르신 것 자체가 그 기회였습니다. "유다야, 너의 문제를 내게 맡기지 않을래? 네가 갖고 있는 연약함을 내게 토로하지 않을래? 너의 인간적인 야망과 비전을 내가 주는 비전으로 바꿔보지 않을래?" 하고 예수님은 유다에게 기회를 주셨습니다. 처음부터 유다를 "너는 나를 배반하는 자로 세워서 결국 죽게 하겠다!"라고 부르신 것이 아니라는 것입니다. 유다는 배신자의 운명을 타고난 것이 아닙니다. 기독교는 이 같은 운명론을 거절합니다. 자기가 저지른 잘못에 대해 스스로 책임지지 않고, '그렇게 될 운명이었다.'라고 숙명적으로 생각하는 것은 기독교의 역사관, 인간관이 아닙니다.

유다에게 재정업무를 맡기신 것 또한 예수님이 유다에게 주신 두 번째 기회였습니다. 유다는 수리와 계산에 밝은 똑똑한 사람이었습니다. 다른 제자들과 비교했을 때도 유능한 편에 속했습니다. "그래, 너는 똑똑한 아이니 먼저 깨닫게 되리라 생각한다. 너에게는 변화의 가능성이 있다. 너의 신실함을 우리 모두에게 보여주면 좋겠다." 하시며 일을 맡기신 것입니다. 직분의 자리에 있다는 게 무엇일까요? 책임이 더 크다는 것 아닙니까? 신뢰를 더 받고 있다는 뜻 아닙니까? 귀한 위치에 있다는 것 아닙니까? 기대를 받고 있는 만큼 그에 부응하도록 부름받은 자리가 바로 직책입니다. 그러나 가룟 유다는 예수님께서 주신 이 두 번째 기회도 놓치고 맙니다.

세 번째 기회는 향유 붓는 여인을 통해 찾아왔습니다. 이 여인은 예수님의 마지막 길에 수난이 있을 것임을 알려주는 역할을 했습니다. 예수님은 삼백 데나리온의 향유를 붓는 여인에게 "내 장례를 미리 준비하였[다]"(막 14:8) 하고 칭찬하셨습니다. 그때 유다의 반응은 어땠습니까? 그는 도리어 화를 냈습니다. "삼백 데나리온이 얼마나 큰돈이냐! 그 돈이면 이 공동체를 운영하고도 남고, 정치 혁명을 일으킬 때도 쓸 수 있는 돈인데 그것을 왜 낭비하느냐?"(요 12:4,5 참조) 유다는 예수님을 이해할 수 없었습니다. 이 사건은 유다에게 큰 충격을 남겼습니다. 아마 유다는 이렇게 생각했을 것입니다. '돈이 있어야 문제를 해결할 수 있는데, 권력이 이 난국을 돌파

할 능력이자 이 민중을 억압받는 로마 세계에서 구출할 수 있는 길인데…….' 유다의 생각과 예수님의 생각이 정면충돌하는 지점입니다. 예수님께 예비된 마지막 길은 고난이었고, 유다가 예수님께 바라고 구했던 것은 보이는 세계의 영광과 충만함이었습니다.

뒤이어 최후의 만찬 자리에서 유다에게 네 번째 기회가 찾아왔습니다. 예수님은 그 자리에서 "너희 중의 한 사람이 나를 팔리라"(마 26:21) 하고 말씀하시며 제자들을 돌아보십니다. 그러면서 "나와 함께 그릇에 손을 넣는 그가 나를 팔리라"(23절)라고 예언을 하십니다. 그때 가룟 유다가 뭐라고 말합니까?

> 예수를 파는 유다가 대답하여 이르되 랍비여 나는 아니지요 대답하시되 네가 말하였도다 하시니라 (마 26:25)

예수님은 그에게 스스로 깨닫도록 말씀을 해주신 것입니다. "너 자신을 돌아볼 수 없겠느냐? 네가 가던 길을 멈출 수 없겠느냐? 그 길이 올바른 길이 아닌 것을 깨닫고 돌이키라." 하지만 가룟 유다는 중도에 자신의 생각을 굽힐 수가 없었습니다. 브레이크가 고장 난 열차처럼 예수님을 향한 배반의 길로 돌진하고 있었기 때문입니다.

예수님은 마지막으로 그에게 한 번 더 기회를 주십니다. 가룟 유다는 예수님이 정죄를 받아 사형에 처해지는 것을 목격한 후에 자신이 잘못했다는 것을 깨닫게 됩니다. 성경은 그가 "자기의 잘못을 뉘우쳤다"(마 27:3 참조)라고 기록하고 있습니다.

이르되 내가 무죄한 피를 팔고 죄를 범하였도다 하니…… (마 27:4)

예수님은 유다가 변화되기를 진심으로 원하셨습니다. 그래서 그가 진심어린 회개를 하길 바라셨습니다. 유다 역시 양심 없는 사람이 아니었습니다. 그는 지금까지 자신이 한 일이 잘못되었음을 느끼고 있었습니다. 이제 주님 앞에 회개하면 됩니다. 그러나 그는 회개가 아닌 후회를 선택했습니다. 회개 없는 후회만으로 자기 인생을 끝내버린 실패한 인생이 되고 만 것입니다. 결국 그는 자기 잘못에 대한 책임을 스스로 목숨을 끊는 것으로 대신하고 맙니다. 그런 그가 몰랐던 사실 하나가 있었습니다. 인간의 목숨이 자신의 것이 아니라는 사실입니다. 생명의 주관자는 오로지 하나님 한 분뿐이십니다. 가룟 유다는 그 사실조차 망각했습니다.

후회에서 회개로 돌이키라

유다의 배신 사건을 정치적으로 해석하려고 하는 여러 학자들이 있습니다. 유다에게도 예수님이 '정치적 메시아'가 되어야 한다는 확신이 있었습니다. 그는 현실 감각이 뛰어났던 열심당에 속했던 인물로도 알려져 있습니다. 그는 로마라는 거대 제국주의의 억압으로부터 해방되고 싶어서 예수님을 따랐습니다. 예수님의 기이한 능력과 소외된 사람들을 끌어모으는 힘에 환호하면서 예수님을 따라갔는데, 예수님은 자신이 끝내 수난을 당해야 한다고 말씀하시는 것입니다. 이 이야기를 듣고 있던 베드로는 기겁을 했고, 다른 제자들도 결사반대를 했습니다. 가룟 유다도 그들과 같은 마음이었습니다. "예수님, 그것은 안 됩니다!"

결국 유다는 예수님의 적대 세력과 야합하여 손을 잡습니다. 어떻게 해서든 예수님의 능력을 이 세상에 보여주라고 강요하고 싶었던 것입니다. 예수님이 정죄받고 십자가에서 죽게 되리라고는 결코 예상하지 못했던 것입니다. 그런데 예수님은 그 길로 가셨습니다.

예수님의 길과 가룟 유다의 길은 마지막까지 평행선을 긋고 있었습니다. 가룟 유다는 마지막까지 변하지 않았습니다. 예수님을 따르면서도 독선적인 태도와 교만한 마음을 버리지 못했습니다. 자신이 기대한 대로 예수님이 움직이지 않으시면 예수님을 따르지 않겠다고 생각했습니다. 하나님에 의해서 자신이 변화받기보다는 자신에 의해서 예수님이 변화되어야 한다는 생각을 끝내 놓지 못했습니다.

가룟 유다를 묵상하면 할수록 우리 안에도 그와 같은 완악함과 교만이 있음을 깨닫게 됩니다. 예수님을 따라가면서도 우리 안에 예수님의 목표가 아니라 내 목표와 내 생각으로 가득합니다. 예수님을 내 야망을 이루기 위한 도구로 사용하고 싶어 합니다. 우리 역시 어느 때든지 예수님을 배반할 준비가 되어 있습니다. '돈이 필요해서 주를 믿게 된 것입니다. 병에서 치유받고 싶어서 주를 믿게 된 것입니다. 세상에서 한자리 차지하고 싶어서 주를 믿고 따라온 것입니다. 그러니 이것들을 해결해주지 않으면 하나님은 나하고 아무 상관이 없습니다.' 하는 배반의 영이 지금도 우리를 붙잡고 있습니다.

우리도 때로 후회를 합니다. 예수님 없이 살았던 시간과 사람들에게 상처를 입혔던 것을 후회합니다. 하지만 후회에서 끝나면 안 된다는 것을 우리는 가룟 유다를 통해서 깨닫게 됩니다. 후회가 무엇입니까? 무엇인가 잘못을 행한 후에 부정적인 감정에 사로잡혀 있는 것입니다. 이 후회가 커지면 자책하게 되고, 자책이 커지면 분노와 우울로 이어져 자살충동까지 느끼게 됩니다. 그렇게 되면 그 사람의 끝은 절망인 것입니다.

그래서 후회는 회개로 바꿔야 합니다. 처음에는 후회가 될지라도 이것을 회개라는 회복의 길로 방향을 바꾸어야 합니다. 잘못된 것에 대해 용서를 구해야 합니다. 단지 자기반성을 하라는 말이 아닙니다. 내가 할 수 없다는 것을 알고 나를 만드신 하나님, 생명을 주신 하나님께 내 문제를 가지고 나가야 합니다. 하나님께로 나를 돌이켜야 합니다. 내 자신에게 몰두하는 데서 하나님께로 향하는 회개로 시선을 돌려야 합니다.

회개는 있는 모습 그대로 나오는 것

후회를 하면 감정에 찌꺼기가 계속 쌓입니다. 후회는 끊임없이 후회를 낳을 뿐입니다. 그러나 우리가 하나님께 우리의 잘못을 가지고 나아가면, 하나님은 우리를 용서하시고 성령을 주십니다. 성령의 역사 속에서 용서받음의 기쁨을 우리에게 허락해주십니다. 그리고 새로운 미래를 열어주십니다. 진정한 하나님의 사람이 되게 하십니다.

예수님은 우리더러 후회하라고 하신 적이 없습니다. 대신 회개하라고 말씀하셨습니다. 하나님도 우리에게 문제가 많다는 것을, 우리의 연약함과 잦은 실패를 모두 다 알고 계십니다. 그러니 하나님께 와서 하나님과 함께 그 문제를 풀어가자는 것입니다. 그래서 새로운 세계를 만들자고 요청하시는 것입니다.

지금 유다처럼 그저 후회만 하고 있습니까? 나를 위해, 내 목표를 위해 하나님과 예수님을 도구로 삼는 신앙에 멈춰서 있습니까? 아니면 "주님, 내 속에 이런 악이 들어 있습니다. 이제는 살아 계신 하나님, 생명의 하나님, 진리의 하나님과 내 인생을 다시 열겠습니다. 나의 문제를 주님께 아룁니다."라고 기도하며 내 안의 모든 것들을 토해내고 있습니까?

나의 문제를 안고 하나님께 나아가는 것, 하나님의 손에 들린 복 뿐만 아니라 하나님을 바라보며 그분을 닮아가는 삶을 사는 것. 이것이 하나님이 우리에게 주신 신앙의 기쁨이고 신앙의 본질입니다.

예수님이 필요하면 가까이 하고, 필요 없으면 밀어냈던 그 모습 그대로를 주님께 아뢰시기 바랍니다. 그 어떤 실수나 실패, 좌절도 주님 앞에 다 내려놓으시기 바랍니다. 그러면서 나를 이끄시는 하나님의 역사 앞에 겸손히 머리를 숙이고 그분을 내 안에 모셔 드리십시오. 그것이 참된 회개입니다. 그렇게 할 때 하나님의 용서를 경험하게 될 것입니다. 그리고 새로운 하나님의 역사가 우리를 통해서 시작될 것입니다.

나의 문제를 안고
하나님께 나아가는 것,
하나님의 손에 들린 복뿐만 아니라
하나님을 바라보며 그분을 닮아가는 삶을 사는 것.
이것이 하나님이 우리에게 주신
신앙의 기쁨이고
신앙의 본질입니다.

누가복음 9:51-56

51 예수께서 승천하실 기약이 차가매 예루살렘을 향하여 올라가기로
   굳게 결심하시고
52 사자들을 앞서 보내시매 그들이 가서 예수를 위하여 준비하려고
   사마리아인의 한 마을에 들어갔더니
53 예수께서 예루살렘을 향하여 가시기 때문에 그들이 받아들이지 아
   니 하는지라
54 제자 야고보와 요한이 이를 보고 이르되 주여 우리가 불을 명하여
   하늘로부터 내려 저들을 멸하라 하기를 원하시나이까
55 예수께서 돌아보시며 꾸짖으시고
56 함께 다른 마을로 가시니라

의로운 분노가
필요하다

쓸모 있는 분노도 있다

예수님의 열두 제자 중 베드로, 야고보, 요한 이 세 사람에게는 예
수님이 직접 지어주신 별명이 있었습니다.

이 열둘을 세우셨으니 시몬에게는 베드로란 이름을 더하셨고 또 세
베대의 아들 야고보와 야고보의 형제 요한이니 이 둘에게는 보아너
게 곧 우레의 아들이란 이름을 더하셨으며 (막 3:16,17)

시몬에게는 '반석'이란 뜻의 베드로라는 별명을 주셨습니다. 야고보와 요한 두 형제에게는 '우레의 아들'이란 별명을 지어주셨습니다. 우레란 '천둥'을 말합니다. 예수님은 왜 야고보와 요한에게 이런 별명을 붙이셨을까요? 아마 누구보다 야고보와 요한의 기질을 잘 알고 계셨기 때문일 것입니다. "너희의 말과 행동이 참 불과 같구나. 내가 이제 너희 형제의 이름을 우레의 아들이라 부르겠다." 천둥이 치는 것처럼 과격하고 격렬한 성품이 그들 안에 있었던 것 같습니다. 아마 목소리도 천둥처럼 컸을 것입니다.

이런 별명을 붙여주시는 예수님의 표정은 어떠셨을까요? "이 못된 놈들!" 하는 화난 표정이었을까요, 아니면 미소를 지으며 지그시 이들을 바라보셨을까요? 아마도 주님은 그들을 부르시면서 환하게 웃고 계셨을 것입니다.

우레의 아들이란 별명답게 야고보와 요한 두 형제가 주님 앞에서 아주 과격하고 위험한 발언을 쏟아낸 적이 있습니다. 예수님이 갈릴리 지방에서의 사역을 다 마치셨을 때입니다. 예수님은 마지막이 가까이 온 것을 느끼시고는 예루살렘으로 올라가기로 작정하십니다.

그런데 한 가지 문제가 있었습니다. 당시 갈릴리에서 예루살렘으로 가기 위해서는 사마리아라는 지역을 거쳐 가야 했는데, 유대인과 사마리아인 사이에 갈등이 심했습니다. 더욱이 유대인들은 사마리아 지역을 불경한 장소로 여기고 있었습니다. 그래서 어떤 유대인들은 일부러 우회해서 예루살렘으로 가곤 했습니다. 그런데 예수님은 이 길을 택하셨던 것입니다.

사마리아 사람들 중에는 예루살렘으로 향하는 순례자들을 불편해하는 이들이 있었습니다. "우리 마을이 무슨 동네북인가? 왜 자꾸만 우리 마을을 거쳐가?" 이렇게 노골적으로 불만을 쏟아놓는 이들도 있었을 것입니다. 몇 사람이 예수님 일행을 막아섭니다. 민족적이고 종교적인 반감을 드러내면서 말입니다. 바로 그때, 야고보와 요한 두 형제가 욱합니다. 성경에는 이 장면이 구체적으로 기록되어 있지 않지만 우리는 상상할 수 있습니다. 아마 욕설을 퍼부었거나 "이 나쁜 놈들아!" 하며 소리를 질렀을 것입니다. 그래도 화를 삭이지 못해 예수님께 이렇게 요청했습니다.

> 제자 야고보와 요한이 이를 보고 이르되 주여 우리가 불을 명하여 하늘로부터 내려 저들을 멸하라 하기를 원하시나이까 예수께서 돌아보시며 꾸짖으시고 (눅 9:54,55)

이 기회에 하늘에서 불을 떨어뜨리는 능력을 사마리아인들에게 보여주자는 것입니다. 어차피 예수님이 메시아가 되시면 멸망될 족속들인데 지금 당장 멸하자는 것입니다. 그런데 이런 두 제자에게 예수님이 격노하십니다. 하지만 예수님이 격노하신 이유는 달랐습니다. 야고보와 요한은 자신들의 체면이 구겨지는 것이 싫고, 사마리아인들에 대한 미움 때문에 화를 냈습니다. 그러나 예수님은 제자들이 사람의 생명을 함부로 여기는 것 때문에 격노하셨습니다. 즉 사랑과 긍휼한 마음에서 비롯된 분노였습니다. 지금 전혀 다른 종류의 화와 화가 부딪치고 있습니다. 두 개의 서로 다른 의견이 충돌하고 있습니다.

야고보와 요한은 예루살렘으로 올라가시고자 하는 예수님의 의지가 확고하다는 것을 알고 있었습니다. '예수님께서 드디어 예루살렘으로 올라가시는구나. 이제 곧 영광스러운 자리에 들어가시겠구나. 정치적 메시아로 등극하시게 되는구나!' 하고 그들은 기대감에 부풀어 있었습니다. 그런데 감히 메시아의 길을 막는 자가 나타난 것입니다. 예수님이 누구인지 제대로 보지도 못하고, 예언적 능력도 없는 민족은 싹 쓸어버리는 것이 오히려 하나님의 뜻이 아니겠냐고 생각한 것입니다.

어머니를 닮은 야고보와 요한

야고보와 요한의 이런 기질은 도대체 어디서 비롯된 것일까요? 성경을 자세히 읽어보면, 이들 어머니의 기질이 극성스러운 것을 알 수 있습니다. 모자간에 서로 꼭 닮았습니다. 물론 아들에 대한 어머니의 마음이야 모든 어머니가 지극할 것입니다. 그런데 야고보와 요한의 어머니는 유난히 두 아들에게 집착하고 있는 것처럼 보입니다.

성경은 놀랍게도 여자 제자들이 있었다는 사실을 기록하는데, 그중에 한 명이 바로 이 야고보와 요한의 어머니 '살로메'입니다. 마태복음 27장 26절을 살펴보면, 예수님이 십자가에 못 박히시는 순간까지 그녀가 함께 있었던 것을 알 수 있습니다. 아마 예수님의 말씀에 감동이 되어서, 예수님을 사랑해서 뒤따라갔을 것입니다. 그러나 예수님을 좇는 마음 한편에는 자식이 출세하길 바라는 마음도 있지 않았을까 하는 생각도 듭니다. 그 근거는 마태복음 20장 20~21절의 말씀 때문입니다.

> 그때에 세베대의 아들의 어머니가 그 아들들을 데리고 예수께 와서 절하며 무엇을 구하니 예수께서 이르시되 무엇을 원하느냐 이르되 나의 이 두 아들을 주의 나라에서 하나는 주의 우편에, 하나는 주의 좌편에 앉게 명하소서

야고보와 요한의 어머니에게는 욕심이 있었습니다. 명예욕도, 권력욕도 있었습니다. 아마 아들들에게 이렇게 이야기했을 것입니

다. "너희가 직접 말을 꺼내는 것은 힘들지 모른다. 어떻게 선생님께 그렇게 부탁하겠니? 내가 대신 얘기하마."

살로메의 이런 행동을 꼭 부정적으로 볼 것도 아닙니다. 이 이야기를 건네던 때에, 예수님에게는 아무것도 없었습니다. 집도 없었고, 가정도 없었고, 정치적인 후원자나 배경도 없었습니다. 법적인 보호 장치도 없었습니다. 그저 매일 따라다니는 사람들이 조금 있었을 뿐 그야말로 절망적인 현실뿐이었습니다. 그런데도 그녀에게는 예수님에 대한 믿음이 있었습니다. 예수님이 메시아가 된다는, 왕 중의 왕이 된다는, 마지막 승리에 대한 확신이 있었습니다. 이런 확신이 있었기 때문에 자기 아들들을 예수님께 부탁한 것입니다. 이것은 참으로 놀라운 일입니다.

어머니에게 있던 마음은 내 아들을 위해서는 무엇이든 다 던져버릴 수 있고, 내 아들을 위해서는 체면이 깎이는 일 정도는 아무것도 아니라는 마음이었습니다. 물론 이런 어머니들의 눈에는 자기 아들의 약점은 안 보입니다. 내 아들이 최고입니다. 그러기에 예수님께 자신의 아들들을 부탁한 것입니다.

잘 살펴보면 어머니의 이러한 화급한 성미가 아들들의 그것과, 어머니의 극성스런 모습이 아들들의 그것과 일치합니다. 그렇다면 이 극성스런 어머니의 부탁에 예수님은 어떻게 반응하셨습니까?

예수께서 대답하여 이르시되 너희는 너희가 구하는 것을 알지 못하는도다 내가 마시려는 잔을 너희가 마실 수 있느냐 그들이 말하되 할 수 있나이다 (마 20:22)

예수님은 세 모자가 걱정되셨습니다. 그래서 이렇게 말씀하신 것입니다. "너희가 구하는 것이 무엇인지 알지 못하는구나. 내가 지금 예루살렘에 가는 것은 영광의 자리, 메시아의 자리에 가려는 것이 아니다. 내가 지금 승리하러 가는 것이 아니다. 나는 지금 가장 낮은 자리, 고난받는 자리에 가는 것이다. 십자가에 못 박힐 죽음의 자리에 가는 것이다. 그런데 내가 가는 이 길에 너희가 동행할 수 있겠느냐? 내가 마실 잔을 너희가 마실 수 있겠느냐?" 하지만 어머니와 두 아들은 이 물음의 뜻을 제대로 깨닫지 못합니다. 그 길이 어떤 길인지 잘 알지도 못했습니다. 그러기에 할 수 있다고 큰소리부터 치는 것입니다.

결론부터 이야기하자면, 야고보는 어떻게 되었습니까? 그는 예수님의 충직한 제자가 됩니다. 초대교회 성도 중에서 첫 번째 순교자가 스데반이라면, 사도들 중에 첫 번째 순교자는 야고보입니다. 그는 결국 예수님의 길을 가게 되었습니다. 예수님의 잔을 함께 마시게 되었습니다. 그런데 야고보와 똑같은 성격을 지녔던 요한은, 야고보와 달리 장수했습니다. 그는 100세가 넘게 살았습니다.

대신 그는 남은 생을 주님을 위해서 아낌없이 바쳤습니다. 그야말로 살아 있는 순교자가 된 것입니다. 처음에는 예수님의 말씀을 잘 깨닫지 못했던 그들도 예수님과 함께하면서 인생에 참된 변화가 일어난 것입니다.

분노를 제대로 표출하라

우레의 아들처럼 화를 내는 것은 꼭 나쁜 걸까요? 분노는 무조건 금해야 하는 것일까요? 그렇지 않습니다. 화를 내는 것이 꼭 나쁜 것만은 아니며 오히려 내면이 건강하다는 표시기도 합니다. 건강한 감정 상태일 때라야 화를 낼 수 있습니다. 화를 안 내고 꾹꾹 참아 두면 병이 생깁니다. 화를 내지 않고 참기만 해서 생기는 '화병'은 세계의학협회사전에도 등재되어 있는, 한국에서만 자주 발생하는 병입니다.

그래서인지 우리나라에는 화를 표현하는 단어들이 참으로 많습니다. 약오르다, 짜증나다, 성가시다, 분하다, 뿔나다, 화나다, 성나다, 골나다, 노하다, 발분하다, 용심나다, 분개하다, 분격하다, 분노하다, 격분하다, 대로하다, 격노하다, 광분하다, 천인공노하다……. 이토록 다양한 표현들이 있는 것은 어쩌면 우리 국민이 화를 꾹 참고 억눌러 왔기 때문이 아닐까 싶습니다.

화는 낼 줄 알아야 합니다. 문제는 선을 넘고, 절제하지 못하는 것입니다. 요즘 한국 사람들을 보면 그동안 내지 못한 화를 한꺼번에 다 쏟아내고 있는 것 같습니다. 그래서 이 사회가 복잡하고 시끄러워졌습니다. 하지만 이러한 현상을 단순히 '분노는 나쁜 것이다.'라는 차원으로 이해해서는 안 됩니다. 절제가 안 될 때 문제가 되는 것일 뿐 오히려 화를 냄으로써 개인과 이 사회가 건강해질 수도 있습니다. 화를 낸다는 것은 자신이 살아 있음을 선언하는 것입니다. 위협을 느낄 때, 자신을 방어하는 수단입니다.

우리의 부모 세대를 볼 때, 부모님 두 분 중 누가 대부분 화를 냈습니까? 아버지만 화를 냈습니다. 시도 때도 없이 화를 내는 아버지 곁에서 어머니는 화를 꾹 참으셨습니다. 그런데 요새는 조금 달라진 것 같습니다. 이젠 어머니들이 화를 내기 시작합니다. 그러니까 아버지들이 초긴장 상태에 들어갔습니다. '언제 아내가 나를 내팽개칠까?' 하고 걱정하는 시대로 바뀌고 있습니다. 이것은 좋은 현상입니다. 남편도, 아내도 필요하면 화를 내야 합니다. "이 점이 마음에 들지 않는다. 이런 점이 나를 힘들게 한다."라고 이야기할 수 있어야 합니다. 내 속에 있는 화를 제대로 표출할 줄 알아야 서로가 원하는 것이 무엇인지를 알 수 있는 것입니다. 그래야 엉뚱한 곳에 화풀이를 하지 않게 되며, 건강에도 부정적 영향을 끼치지 않게 됩니다. 이것이 건강한 마음이며 건강한 관계를 이루는 길입니다.

'착한아이 콤플렉스'를 가진 이들이 화를 제대로 표출하지 못하는 대표적인 사람들 아닙니까? 남이 뭐라고 해도 화를 내지 못합니다. 그러나 그런 사람들의 속을 들여다보면 마음속에 화가 가득합니다. 그러니 속이 얼마나 곪아 있겠습니까? 얼마나 속이 아프겠습니까? 그로 인해 얼마나 자존감이 상해 있겠습니까? 그러니 화를 표현하는 것에 더 이상 불편한 마음을 갖지 마십시오. 화는 표현할 수 있어야 합니다. 화를 표현할 줄 아는 것이 오히려 건강한 것입니다. 다만 절제가 필요할 뿐입니다.

분노 안에 감춰진 열정을 보시는 예수님

야고보와 요한은 화를 내면서 예수께 칭찬을 받으려고 했습니다. 공동체 안에서 화를 낸다는 것은 유대감이 깊다는 것을 의미합니다. 야고보와 요한이 그랬을 것입니다. 사마리아 사람들이 예수님의 행로를 거절하고 모독하니, 마치 자신들을 모독하는 것처럼 느꼈을 것입니다.

나와 상관없는 사람이 누군가에게 맞고 있는 것을 보면, 선뜻 나서기가 쉽지 않지만 그 사람이 내 아들이고 딸인 것을 알았다면 평정심을 유지할 수 있습니까? "이 나쁜 놈아! 내 아들을 때리다니…… 내 딸을 때리다니!" 하고 분노하지 않겠습니까? 그 사람이 나와 가까운 사람이기에, 나와 같은 공동체이기 때문에 더 격렬히 분노하게 된다는 뜻입니다. 때문에 공동체에 속한 자로서 불의한 것과 악한 것에 대해 분노하는 것은 필요한 일입니다.

야고보와 요한의 분노가 지금 그와 같은 분노입니다. 그런데 그들은 한 가지 큰 착각을 하고 있습니다. 하늘에서 불을 내려 사마리아 사람들을 멸하자는 그들의 요청에 예수님이 동의하신 줄로 착각한 것입니다. '예수님도 속으로는 원하고 계실 거야. 사마리아 사람들을 싹 없애버리고 싶어 하실 거야. 예수님을 거절하는 저런 못된 놈들은 혼이 나야지!' 자기 생각이 곧 예수님의 생각일 거라고 넘겨짚고는 요청을 한 것입니다.

우리도 그럴 때가 있지 않습니까? 못된 사람이나 악한 사람을 만나면, 가슴 속에 화가 솟구치지 않습니까? 하나님이 능력을 베푸셔서 저 나쁜 사람을 처치해달라고, 눈앞에서 사라지게 해달라고 구할 때가 있지 않습니까? 만약 하나님이 그 기도를 다 들어주시면 어떻게 될까요? 그때마다 팔 하나, 다리 하나를 잘라내면 어느 누가 성한 모습으로 존재할 수 있겠습니까? 사람은 누구나 다른 사람에게 상처를 줄 수 있는 연약한 존재이기에 세상에 멀쩡한 사람이 단 한 명도 없을 것입니다.

저도 누군가가 미울 때가 있었습니다. 그럴 때면 "하나님, 저 사람은 가다가 넘어지지도 않나요?"라고 물어볼 때도 있었습니다. 그때 하나님께서 제게 이런 마음을 주셨습니다. "내가 지금 너 같은 마음으로 너를 대했다면 너는 이미 바스러져 먼지처럼 되어 아무것도 남아 있지 않았을 것이다."

하나님은 지금도 나를 향해 인내하고 계십니다. 사람들은 그 것을 모르고 "하나님, 내가 하나님을 욕해도 하나님은 나를 조금도 건드리지 못하시네요!"라며 오만방자하게 굴 때가 얼마나 많은지 모릅니다. 하나님께서 사랑으로 참으시고, 그 사랑 때문에 기다리시는 걸 모르고서 말입니다.

성경을 읽다보면 예수님은 왜 걸핏하면 화를 내는 야고보와 요한을 늘 데리고 다니셨을까 궁금해집니다. 예수님은 다른 제자들보다 이 별난 제자들, 곧 베드로와 야고보, 요한과 함께하실 때가 많았습니다. 저는 이것이 참 이상하게 보였는데 예수님에게는 제자들을 바라보는 다른 눈이 있으셨던 것입니다. 야고보와 요한에게서도 그들의 분노 자체만을 보신 게 아니라 분노 안에 감춰진 그들의 열정과 열망을 꿰뚫어보셨습니다.

분노한다는 것이 무엇일까요? 다른 말로 하면, 그 안에 열정이 있다는 의미입니다. 화를 안 내고 분노도 없는 사람에게는 열정이 없습니다. 무언가에 대한 갈망도 없습니다. 이 세상 모든 일은 그냥 지나가는 일이다 생각하며 내버려둡니다. 분노할 이유가 없는 것입니다. 그래서 분노란, 열정의 다른 표현이며 무관심에서 벗어나겠다는 뜻이기도 합니다.

게으름에 대해 분노해야 게으름에서 벗어날 수 있습니다. 매일 술독에 빠져 있는 모습에 분노해야 변화가 일어납니다. 그런데 문제는 우리가 남에 대해서는 그렇게 분노하면서도 자기 자신의 문제에 대해서는 분노하지 않는다는 것입니다. 그러다보니 계속 변화 없는 모습으로 살아가게 되는 것입니다. 먼저 내가 나에 대해서 분노해야 합니다. 그런 의미에서 분노란 저항의 표시이자 새로운 창조의 시작을 알리는 표시입니다. 변화의 능력을 가진 힘입니다.

거룩한 분노가 세상을 바꾼다

사마리아인에 대한 미움과 자신의 욕망 때문에 분노에 사로잡혔던 야고보와 요한을 보신 예수님은 그들의 분노를 꾸짖으셨습니다. 예수님은 그들의 분노를 다른 방향으로 바꾸자고 하셨던 것 같습니다. "너를 위해서 분노하지 말고 공동체를 위해서 분노해라. 미움 때문에 저주하며 분노하지 말고 사랑 때문에 긍휼히 여기며 분노해라. 너의 탐욕 때문에 분노하지 말고 이 땅에 하나님 나라를 세우는

일에 분노해라. 하나님의 이름이 훼손되는 것을 가슴 아파하며 통
분히 여겨라."

구약에 나타난 하나님도 그런 하나님이셨습니다. 사랑하기 때
문에 분노하신 것입니다. 인간에게 생명을 주시기 위해 분노하신
것입니다. 우리의 분노가 이처럼 승화되어야 합니다. 폭력적 분노
가 되어서는 안 됩니다. 사람을 살리는 사랑과 긍휼의 분노가 되어
야 합니다.

역사학자 유세비우스에 의해 기록된 야고보 참수형과 관련한
중요한 사건이 있습니다. AD 44년경 헤롯 아그립바 1세는 유대인
들의 비위를 맞추기 위해서 예수님을 믿는 사람들을 죽이기 시작
했습니다. 그때 첫 번째로 눈에 띈 사람이 바로 야고보였습니다. 한
간수가 야고보를 맡았습니다. 그 간수는 예수님을 영접한 사람이었
지만, 겉으로 자기 신앙을 드러내는 것을 꺼리던 사람이었습니다.
그는 자기가 그리스도인임을 감추려고 야고보를 더욱 함부로 대하
며 죄인처럼 취급했습니다. 하지만 야고보는 곧 죽게 될 사람처럼
보이지 않았습니다. 재판정에서도 감옥에서도 담대했습니다. 용기
있게 신앙을 고백했고, 주위 사람들을 온유하게 대했습니다. 간수
는 야고보의 이런 모습을 보면서 견딜 수 없었습니다. 결국 그는 자
신도 기독교인이라고 공개적으로 고백하고 맙니다. 야고보와 함께
형장으로 가던 날, 그는 야고보에게 이런 말을 합니다. "내가 이제

까지 화낸 것, 잘못한 것을 용서할 수 있겠소?" 그때 야고보가 이렇게 말했다고 합니다. "그대에게 하나님의 평강이 있을지어다." 그렇게 두 사람은 함께 참수형을 당했습니다.

우리에게 불의와 악, 하나님의 뜻이 아닌 것에 대한 분노가 있습니까? 그렇다면 그것은 좋은 일입니다. 공동체를 위한 분노 그리고 하나님 나라를 방해하는 것들에 대한 분노가 역사를 바꿀 수 있습니다. 거기서 생명의 사건, 하나님이 기뻐하시는 역사가 일어날 것입니다. 그리스도인 가운데 점점 하나님을 사랑하는 마음으로 하나님의 이름이 훼손되는 것을 아파하는 이들이 늘어나길 바랍니다. 하나님을 부정하는 이 세계의 현실을 가슴 아파하며 분노할 때, 우리 가운데 하나님의 뜻이 나타나게 될 것입니다. 거룩한 분노가 세상을 변화시킬 것입니다. 절제된 건강한 분노가 하나님의 뜻을 이 땅 가운데 이루게 할 것입니다.

요한복음 14:8-12

8 빌립이 이르되 주여 아버지를 우리에게 보여주옵소서 그리하면 족
하겠나이다

9 예수께서 이르시되 빌립아 내가 이렇게 오래 너희와 함께 있으되
네가 나를 알지 못하느냐 나를 본 자는 아버지를 보았거늘 어찌하
여 아버지를 보이라 하느냐

10 내가 아버지 안에 거하고 아버지는 내 안에 계신 것을 네가 믿지
아니하느냐 내가 너희에게 이르는 말은 스스로 하는 것이 아니라
아버지께서 내 안에 계셔서 그의 일을 하시는 것이라

11 내가 아버지 안에 거하고 아버지께서 내 안에 계심을 믿으라 그렇
지 못하겠거든 행하는 그 일로 말미암아 나를 믿으라

12 내가 진실로 진실로 너희에게 이르노니 나를 믿는 자는 내가 하는
일을 그도 할 것이요 또한 그보다 큰일도 하리니 이는 내가 아버지
께로 감이라

예수님에 대한
호기심이 있는가?

호기심이 있어야 성장한다

예수님이 제자로 선택하셨던 사람들은 그들에게 특별한 점이 있어서가 아니었습니다. 그들은 그저 세상에서 쉽게 만날 수 있는 보통 사람들이었습니다. 대부분 이십 대 청년이었고, 그중 가장 어렸던 요한이 십 대쯤 되었습니다. 처자식을 거느린 베드로는 다른 제자들보다 조금 더 나이가 들었을 것으로 짐작됩니다. 지식수준 또한 결코 높지 않았습니다. 유대 율법에 정통한 전문가는 한 사람도 없었고 평범한 유대인들이 알고 있을 정도의 지식을 지녔을 뿐이었습니다.

그들의 직업과 출신 배경은 조금씩 달랐지만 예수님의 첫 번째 제자들은 바다에서 고기를 낚는 어부들이 주를 이루었습니다. 베드로와 안드레, 야고보와 요한이 그러했고, 벳새다 출신의 빌립 또한 그런 사람이었습니다. 이들 모두에게는 한 가지 중요한 공통점이 있었습니다. 바로 '새로운 시대를 기다리던 사람들'이었다는 사실입니다. 한계에 부딪힌 삶을 변화시킬 메시아가 오기를 고대하고 있던 인물들이라는 것입니다. 그래서 그들은 예수님을 만났을 때 가슴이 뛰었습니다. 온몸을 던져서라도 예수님을 좇아가고자 했습니다.

예수님의 제자 가운데 새 시대의 도래를 가장 열망했던 제자는 빌립입니다. 그는 이런 열망뿐만 아니라 삶에 대한, 영에 대한 호기심이 가득했던 사람입니다. 호기심이란 무엇입니까? 미지의 세계를 알고 싶어 하는 인간의 관심이며 욕구입니다. 만약 인간에게 호기심이 사라진다면, 그 순간 우리는 살아가는 것 자체에 대해 싫증을 느낄 것입니다. 금세 무료해지기 시작할 것입니다.

호기심은 인간에게만 있는 것이 아니라 동물에게도 있습니다. 그러나 동물 세계의 호기심이란 오직 먹이에 대한 관심입니다. 동물들은 먹이에 집중하고 그것을 향해서만 내달립니다. 우리 인간에게도 이러한 육체적인 호기심과 욕구가 있습니다. 하지만 그것이 전부가 아닙니다. 인간에게는 먹고 마시는 것을 뛰어넘는 호기심이 있습니다. 바로 진리에 대한 호기심, 생명에 대한 호기심, 자유에 대한 호기심입니다.

그렇다면 나에게 이러한 호기심이 있는지 어떻게 분별할 수 있을까요? 내 마음에 질문이 많다면 호기심이 있는 것입니다. 질문이 있다는 것은 아직 배우고 싶고 더 알고 싶다는 뜻입니다. 더 성장하고 더 성숙하고 싶다는 의미입니다. 자연현상에 대한 호기심을 가지면 자연 과학자가 됩니다. 돈과 재물에 대한 호기심을 가지면 근로자나 금융가가 되거나 창업을 합니다. 생명에 대한 호기심을 가지면 의료종사자가 됩니다. 그림과 조각, 소리와 음악에 대한 호기심을 가지면 예술계에 종사하게 됩니다.

그런데 더 중요한 호기심은 영적인 영역인 진리에 대한 호기심입니다. 흔히 '구도자'라고 일컫는 사람들이 지닌 호기심입니다. 예수님을 믿는 사람들이 복 있는 사람이 되는 까닭도, 영적인 호기심을 지녔기 때문입니다. 예수님을 믿는다는 것은 진리를 향해서 더 가까이 다가서겠다는 욕망이 있는 것입니다. 영적인 호기심을 가진 사람은 끊임없이 '나는 누구인가?'라고 묻습니다. 내 인생의 목표와 목적이 어디에 있는지 찾습니다. 내가 지금 왜 여기에 존재하는지, 또 앞으로 무엇을 위해 살아야 될지에 대한 물음을 그치지 않습니다.

우리는 질문할 때 육하원칙을 따르라고 배웠습니다. 누가, 무엇을, 언제, 어디서, 어떻게, 왜, 이 여섯 가지 질문 중 '왜?'라는 질문이 가장 중요합니다. 이것에 대한 답을 찾지 못하면 수고하고 노력하고 땀 흘려서 인생의 목표를 성취한 것처럼 보여도, 나의 수고함으로 얻은 성취에 어떤 의미가 있는지 알 수 없습니다. 그렇게 되면 성공을 해도 공허감을 느낄 수밖에 없습니다. 그러므로 왜 일하느냐, 왜 사냐는 질문에 대답을 할 수 있어야 합니다.

하나님이 시험을 주시는 이유

예수님은 빌립을 부르시며 "나를 따르라"(요 1:43)라고 말씀하셨습니다. 이 부르심 앞에 빌립은 망설임 없이 예수님을 따라나섰습니다. 예수님은 빌립이 호기심이 있는 사람인지 시험해보고자 하셨습니다. 또 그의 호기심이 단순한 호기심으로만 그칠지, 아니면 삶의 변화로 이어질지 궁금했습니다. 물음에 대한 대답을 찾게 된다면 그것을 향해 결단하고 행동할 수 있는지 보고 싶으셨던 것입니다. 빌립이 어떤 인물인지 알기 위해 다시 성경을 읽어보다가 눈에 띄는 구절이 있었습니다. 오병이어 이야기입니다.

이렇게 말씀하심은 친히 어떻게 하실지를 아시고 빌립을 시험하고자 하심이라 (요 6:6)

성경은 분명히 예수님이 빌립을 시험하고자 하셨다고 기록합니다. 하지만 여기서 꼭 짚고 넘어갈 것이 있습니다. 여기서의 시험은 '유혹'(temptation)이 아니라 말 그대로 '시험'(test)입니다.

시험이라는 말을 들으면 중·고등학교 시절이 떠오르지 않습니까? 시험만 없으면 학창 시절로 돌아가고 싶다고 말할 만큼 우리에게는 시험에 대한 좋지 않은 기억이 하나둘씩은 있습니다. 사회에서 치러지는 많은 시험은 대부분이 합격을 위한 것이 아니라 떨어뜨리기 위한 시험입니다. "너는 안 돼. 너는 자격이 없어." 하면서 사람을 밀어내는 시험입니다. 우리도 한두 번 정도 떨어진 경험을 가지고 있지 않습니까? 지금도 시험이라면 피하고 싶지만 돌이켜보면 시험 때문에 그만큼이라도 공부를 했습니다. 시험 때문에 우리 자신을 훈련시킬 수 있었습니다.

그런데 예수님의 시험은 세상 시험과는 다릅니다. 넘어뜨리려는 것이 아닙니다. 오히려 사람을 세우기 위한 시험입니다. 우리로 하여금 현재의 상태를 돌아보게 해서, 이 상태에서 만족하며 이대로 살 것인지 아니면 성장과 성숙을 향해 한걸음 더 나아갈 것인지를 스스로에게 묻는 계기가 됩니다. 그렇게 질문과 시험을 통해 예수님은 우리를 하나님이 쓰실 만한 존재로 바꿔가십니다.

와서 보라

말씀을 보면 예수님은 빌립을 세 번에 걸쳐 시험하셨음을 알 수 있습니다. 첫 번째 시험은 빌립의 호기심이 결단과 행동으로 이어지는지를 확인하기 위한 것이었습니다. 호기심에는 용기가 필요합니다. 호기심을 질문으로 옮기고, 질문에 대한 답을 얻으면 그것을 삶으로 실현해야 하기 때문입니다. 여기에는 결단이 필요합니다. 그래야만 진리와 생명, 자유에 대한 질문에까지 이어질 수 있습니다.

　앞서 이야기했지만 예수님이 제자들을 선택하실 때 "나를 따르라"는 말씀만 하셨을 뿐입니다. 그런데 놀랍게도 빌립은 다른 질문은 하지 않고 그저 모든 것을 내려놓고 예수님을 따라가게 됩니다. 그때 빌립의 마음에는 예수님이 아마도 구약에서 예언한 메시아일지도 모른다는 생각이 스쳤을 것입니다.

　그는 예수님을 만나고는 당장 친구 나다나엘을 찾아가 모세와 예언자들이 이야기한 그 메시아를 만났다고 이야기합니다. 헬라어 성경에는 빌립이 "내가 찾았다!"라고 말했다고 기록합니다. 그 사람이 누구냐고 묻는 나다나엘에게 빌립은 "갈릴리 나사렛 예수."

라고 답하고 나다나엘은 "나사렛 같은 그런 촌 동네에서 선한 것이 난 것을 네가 봤느냐?"라고 대꾸합니다. 이때 빌립은 "네가 직접 와서 보아라." 하고 대답합니다.

빌립은 벌써 전도자가 되어 있습니다. 자신이 깨달은 것, 본 것, 옳다고 여기는 것을 혼자만 누리려 하지 않았습니다. 가까운 이에게 다가가 너도 함께 참여하면 좋겠다고 적극적으로 권유를 하고 있습니다.

우리는 때로 예수님을 믿는 것이 좋은 일임을 알면서도 그것을 알리지 않을 때가 있습니다. 그 이유를 물어보면 보통 다음과 같은 변명을 합니다. 좋은 것은 혼자만 알면 되지 않느냐는 것입니다. 물론 이런 분들은 많지 않을 것입니다. 정말 좋은 것을 알게 되면 자랑하고 싶은게 우리 마음입니다. 게다가 우리는 복음을 나누라는 말씀을 많이 들었습니다.

또는 신앙이란 스스로 깨달아야 하는 것이기에 열심히 전하지 않는다고 변명합니다. 하지만 들어야 깨달을 수 있지 않습니까? 말씀을 들어야 그것이 진실인지 아닌지 알 수 있지 않겠습니까? 예수님이 어떤 분인지 이야기를 들어야 예수께 인생을 걸든지 말든지 결정할 수 있지 않겠습니까?

마지막으로 자신이 예수님과 전혀 닮지 않았기 때문에 전할 수가 없다는 것입니다. 나의 연약하고 부족한 모습 때문에 친구들이 "너는 예수 믿고 그렇게 사냐?" 지적할까 봐 두렵다는 것입니다. 그러나 이것은 오해입니다. 예수님을 믿는다고 해서 완벽한 사람이 되는 것은 아닙니다. 나를 보고 예수님을 믿으라는 것은 아니지 않습니까? 빌립의 말을 떠올려보십시오. "와서 보라"(요 1:46)는 것입니다. 교회에 한번 와서 예배 드려보라는 것입니다. 네 손으로 말씀을 펴서 읽어보라는 것입니다. 그 안에 담겨진 예수님의 인격을 네가 만나보라는 것입니다. 그분에게 네 인생을 맡겨도 괜찮은지 직접 물어보라는 것입니다.

그러므로 전도할 때 중요한 것은 예수님과 직접 만날 수 있도록 길을 열어주는 것입니다. 그래야 진정으로 예수님을 사랑하고 예수님을 섬길 줄 아는 사람이 될 수 있기 때문입니다.

내가 할 수 있는 가장 작은 것으로

두 번째 시험은 오병이어 사건 중에 있었습니다.

> 예수께서 눈을 들어 큰 무리가 자기에게로 오는 것을 보시고 빌립에
> 게 이르시되 우리가 어디서 떡을 사서 이 사람들을 먹이겠느냐 하시
> 니 (요 6:5)

많은 사람들이 예수님 주위에 몰려들었습니다. 예수님은 이들이 아무것도 먹지 못하고 계속해서 말씀만 듣고 있는 것이 마음 아프셨습니다. 그래서 오병이어의 기적을 행하시려고 하는데, 제자들의 생각은 어떤지 묻고 싶으셨습니다. 예수님은 빌립에게 직접 물어보셨습니다. "우리가 어디서 떡을 사서 이 사람들을 먹이겠느냐?" 그리고 이렇게 질문한 것이 "빌립을 시험하고자 하심"(요 6:6)이었다고 성경은 기록합니다.

예수님은 왜 빌립을 시험하려 하셨을까요? 빌립은 철저한 현실주의자였습니다. 숫자에 강해서 무엇보다 돈을 계산하는 데에는 틀림이 없었습니다. 빌립은 예수님의 질문을 듣자마자 그 자리에 모여 있던 무리들을 보았습니다. 대충 몇 명이 앉아 있는지, 그들을 다 먹이려면 얼마가 필요한지 금방 계산이 되었습니다. "예수님, 제가 볼 때는 한 이백 데나리온이 필요합니다." 그것은 근로자가 약 이백 일 동안 일하고 받는 봉급에 해당되는 돈이었습니다. 정확한 분석이었고, 틀림없는 답변이었습니다.

그러나 그 말에는 어떤 마음이 깔려 있을까요? '예수님, 이걸 어떻게 합니까? 제가 볼 때는 불가능합니다. 아마 예수님도 못 하실 걸요?'라는 부정과 의심이 담겨 있습니다. 이것이 바로 현실주의자 빌립의 눈에 비친 예수님의 모습이었습니다.

여기에는 과연 어떤 문제가 있을까요? 문제 제기는 있으되 해

답이 없습니다. 분석은 날카롭고 뛰어나지만 위기를 어떻게 극복할 것인지에 대한 답이 없습니다. 감당하기 어려운 현실의 벽 앞에서 무너지고 마는 것입니다.

이때 다른 사람이 등장합니다. 바로 안드레입니다. 안드레는 예수님의 말씀을 듣고 여기저기 다녔습니다. 어디에 먹을 것이 있는지 살펴보았습니다. 그랬더니 물고기 두 마리와 떡 다섯 덩어리를 가진 어린 아이가 보입니다. "얘야, 우리 예수님에게로 가자!" 안드레는 아이를 예수께로 데려 왔습니다. 그러나 내심 불안하기도 합니다. "예수님, 여기 떡이 있기는 한데, 사람들에 비해 너무 적지 않나요? 하지만 일단 제가 가져왔습니다."

이 사건을 통해 예수님은 빌립에게 무엇을 깨닫게 하시려는 걸까요? "빌립아, 너도 안드레가 갖고 있는 믿음을 가질 수 없겠느냐? 네가 가진 믿음은 현실을 뛰어넘을 수가 없단다." 지레짐작하여 실망하고, 당황하고 그래서 무엇이든 시도조차 하지 않는 비관적 현실주의에 머물지 말라는 이야기입니다. "네가 할 수 있는 가장 작은 것을 해라. 도저히 넘을 수 없을 것처럼 벽이 사방에 둘러쳐져 있어 이제는 끝이라는 생각이 들 때도 네가 할 수 있는 것을 해보아라. 숨을 쉴 수 있고, 볼 수 있고, 들을 수 있고, 손과 발을 움직일 수 있지 않느냐? 여전히 네게 있는 그 작은 것을 가지고 한번 시도해보아라." 빌립에게 안드레의 모습을 보여주시면서 예수님은 모든 것을 자신에게 맡겨보라고 가르치십니다.

보이는 않는 것을 보는 믿음

이제 세 번째 시험입니다. 호기심 많았던 빌립은 예수님께 이런 요구를 하기에 이릅니다.

> 빌립이 이르되 주여 아버지를 우리에게 보여주옵소서 그리하면 족
> 하겠나이다 (요 14:8)

아버지를 보여달라는 것입니다. 이것은 예수님을 당혹스럽게 하기 위한 요청이 아니었습니다. 하나님을 보고 싶은 열망 때문이었습니다. 빌립은 유대인이라 하나님을 직접 보는 것이 얼마나 무서운 것인지 잘 알고 있었을 것입니다. 죄인인 인간이 거룩한 하나님을 만나면 죽게 된다는 것을 누구보다 잘 알고 있었을 것입니다. 그럼에도 불구하고 그는 하나님에 대한 자신의 열망을 포기하지 않습니다. "보게 해주세요. 만지게 해주세요. 그러면 제가 배반하지 않겠어요!" 가장 원초적이고 기본적인 우리의 욕구입니다.

믿음의 출발은 '보아야겠다.'는 데서 시작합니다. 직접 눈으로

확인해야 믿겠다는 뜻입니다. 백 번 들어도 한 번 보는 것만 못하다는 말은 사실입니다. 이 세상 자연만물을 볼 때는 이 말이 통합니다.

그러나 인격을 볼 때, 영적인 영역에서는 그렇지 않습니다. 보는 것보다 더 중요한 것은 '듣는 것'입니다. 사람을 척 보면 그 사람을 알게 됩니까? 아닙니다. 그 사람이 말하는 것을 들어야 그 사람이 어떤 가치관을 가지고 있는지, 인생을 어떻게 살려고 하는지, 과거에 어떤 아픔을 겪었는지, 지금은 어떤 상태인지 알 수 있습니다.

예수님을 아는 것도, 하나님을 사랑하는 것도 그렇습니다. 우리가 말씀을 듣는 이유 또한 바로 여기에 있습니다. 예수님은 말씀을 통해 우리를 가르치십니다. 보이는 세계 속에 신앙을 머물게 하지 말고, 보이는 세계를 만드신 하나님을 향해서 마음을 열어놓으라고 말입니다. 보이는 예수님을 통해 하나님의 말씀과 하나님의 능력을 보았다면, 이미 하나님을 본 것이라는 이야기입니다. 그래서 예수님은 보기를 원하는 빌립에게 이렇게 말씀하십니다.

……빌립아 내가 이렇게 오래 너희와 함께 있으되 네가 나를 알지 못하느냐 나를 본 자는 아버지를 보았거늘 어찌하여 아버지를 보이라 하느냐 (요 14:9)

보이는 것에 믿음과 생각을 제한시키지 말라는 것입니다. 예수님은 하나님 나라가 겨자씨 한 알과 같다고 하셨습니다. 눈에 보이지도 않을 만큼 작은 겨자씨 한 알이 땅에 떨어져 심기우면 싹이 나고 줄기가 돋고 가지가 자라서 새들이 노니는 나무가 됩니다. 하지만 그렇게 될 때까지는 믿음이 필요합니다. 아직 보이지 않지만 우리에게는 하나님 나라에 대한 믿음이 필요하다는 것을 가르쳐주고 계십니다. 그러기에 우리는 시각적 감각에만 사로잡혀서는 안됩니다. 분석 가능한 이성적인 것에만 몰두해서도 안 됩니다. 보이는 것이 전부가 아니기 때문입니다. 보이는 세계 가운데 그 모든 것을 만드신 하나님의 영적인 세계가 있습니다. 그것을 바라보는 신앙이 진정한 믿음입니다.

우리의 믿음은 어떤 믿음입니까? 빌립처럼 이성적이고 분석적인 믿음입니까? 우리의 호기심은 어디에 기초해 있습니까? 빌립처럼 영적인 호기심을 사모하며 질문하는 신앙인으로 서 있습니까? 호기심을 갖고 질문합니까? 그 질문에 답이 있기를 열망합니까? 하나님께서 말씀으로 대답을 해주시면 삶으로 반응하고자 결단합니까?

주님께서는 지금도 우리를 향해서 말씀하십니다. "예수님을 알도록 힘쓰라. 그러면 하나님을 아는 것이다. 예수님을 사랑하라. 그러면 하나님을 사랑하는 것이다. 예수님을 믿으라. 그러면 하나님을 신뢰하는 것이다. 그러면 보이는 세계를 뛰어넘는 보이지 않는 하나님의 영적 세계를 알려주겠다."

예수님을 믿는 것이 우리의 복입니다. 예수님을 통해서 우리는 이미 하나님의 세계에 들어왔습니다. 빌립처럼 쉼 없이 영적 호기심을 품고 질문하십시오. 또 그 질문에 대한 답을 얻었다면 그 답대로 살아보십시오. 바로 그렇게 사는 삶이 하나님께서 우리에게 열어주신 복이기 때문입니다.

2부

암흑기를 통과하는 법

요한복음 19:25-27

25 예수의 십자가 곁에는 그 어머니와 이모와 글로바의 아내 마리아
   와 막달라 마리아가 섰는지라

26 예수께서 자기의 어머니와 사랑하시는 제자가 곁에 서 있는 것을
   보시고 자기 어머니께 말씀하시되 여자여 보소서 아들이니이다 하
   시고

27 또 그 제자에게 이르시되 보라 네 어머니라 하신대 그때부터 그 제
   자가 자기 집에 모시니라

사랑이
바꾸는 것들

가장 원하면서도 원하지 않는 사랑

한국 사람들이 좋아하는 말 중에 하나가 '엄마'라고 합니다. 아이가 입을 떼서 처음으로 하는 말도 엄마이고, 평생 제일 많이 부르는 이름도 엄마입니다. 또 사람들에게 좋아하는 말 하나를 더 꼽으라고 한다면 무엇이 있을까요? 아마 '사랑'이 아닐까 합니다. 가요를 들어보면 대부분이 사랑 노래입니다. 그만큼 사람들은 사랑을 필요로 하고 좋아한다는 것입니다. 그런데 사실 엄마와 사랑은 같은 단어라고도 할 수 있습니다. 엄마라는 말을 좋아하는 이유는 엄마가 나에게 사랑을 줬기 때문입니다. 사랑이라는 말을 처음 배우고 경험하는 것도 엄마를 통해서입니다.

사실 인간은 사랑 때문에 살고, 사랑이 있어야 살 수 있습니다. 우리가 행복한 이유도 사랑 때문이고, 슬픔을 느끼는 것도 사랑 때문입니다. 충만한 기쁨을 경험하는 것도, 눈물을 흘리는 것도 마찬가지입니다.

사랑처럼 좋은 의미의 단어들이 얼마나 많습니까? 자유, 진리, 기쁨, 감사, 평안……. 하지만 그 수많은 좋은 말을 다 더해도 사랑만한 것은 없습니다. 사랑이라는 말은 명사지만 우리는 이와 상관없이 사랑을 동사로 느낍니다. 이 단어 속에 수많은 행동이 담겨 있기 때문입니다.

사랑이 좋다는 것을 알기에 연인뿐 아니라 부부, 가족, 친구, 이웃 사이에서 사랑을 자주 결심합니다. 그러면서 동시에 사랑하기를 두려워합니다. 사랑하다가 마음의 상처를 받을까 봐 움츠러들고 뒤로 물러납니다. 마음으로는 사랑하지만 입은 딱 닫아버립니다. 용기 있게 사랑한다고 말하기가 두려운 것입니다. 부부 간에도 이말을 내뱉기가 어렵습니다. 자식에게도 한 번도 사랑한다고 말해보지 않은 부모도 있습니다. 이유를 물어보면 가족끼리 낯간지러워서 그렇다고 합니다.

하지만 꼭 표현하기가 부끄럽고 어색해서만이 아닙니다. 아마도 우리 마음 안에 자신을 보호하고 싶은 본능 때문이기도 합니다. 섣불리 "영원히 사랑한다. 생명을 걸고 사랑한다."라고 말했다가 언제 나의 사랑이란 감정이 무너질지 모르고 이렇게 생명을 걸고 사랑하다가 상대방이 떠나가면, 그 사랑이 비수가 되어 내 마음에 상처를 줄 수 있기 때문입니다. 사랑을 원하지만 사랑을 유보하고, 어떻게든 사랑한다는 말을 하지 않으려고 틈새를 찾아 빠져나갑니다. 때로는 사랑한다는 말이 우리를 얽어매는 것처럼 여겨져서 '내가 저 사람한테 괜히 사랑한다고 했네. 안 그랬으면 내 마음대로 살 텐데……'라고 후회하기도 합니다. 그러나 이러한 자기 연민의 방어기제가 끊임없이 작동되면, 나를 지킨다고 하는 것이 오히려 나를 가둬버립니다. 관계가 차단됩니다.

사랑하지 못하도록 우리를 얽어매는 부정적인 감정들이 있습니다. 그중 대표적인 것이 두려움입니다. 이 감정은 사랑과 관계가 있습니다. 외로움도 있는데 이것도 사랑과 관계가 있습니다. 솟구치는 분노도 사랑과 관계가 있습니다.

모두 사랑 부족으로 인해 나타나는 증상들입니다. 사랑이 있으면 얼마나 용감해집니까? 우리 어머니들을 보십시오. 연약한 여성이지만 내 자식을 위해서는 모든 것을 바치겠다는 깊은 사랑으로 용감해집니다. 그렇기에 우리는 "어머니!"라고 부르기만 해도 마음이 떨리는 것이 아닙니까? 우리에게는 반드시 사랑이 필요합니다. 사랑이 충만해야 우리 삶이 건강해지고 풍성해집니다.

예수님의 제자 가운데 사랑이란 말과 가장 친숙한 사람은 사도 요한입니다. 사도 요한은 사랑의 사람이었습니다. 더욱이 그는 '예수께서 사랑하시는 제자'라는 별칭을 얻기도 했습니다. 그는 요한일서 4장 18절에서 우리에게 사랑의 속성을 가르쳐 줍니다.

사랑 안에 두려움이 없고 온전한 사랑이 두려움을 내쫓나니……

사랑은 두려움을 내쫓습니다. 사랑하면 용감해지고 담대하게 됩니다. 즉 사랑 안에 두려움을 저항할 수 있는 능력이 있습니다. 그러므로 지금 내가 두려움에 떨고 있는 것은 내 안에 사랑이 없고, 사랑하지 않기 때문입니다.

그럼 외로움은 왜 생기는 걸까요? 우리 영혼이 사랑을 찾아 헤매고 있기 때문입니다. 우리 모두 사랑을 해보지 않았습니까? 사랑을 하고 있는 사람은 사랑하는 사람과 조금 떨어져 혼자 있을 때에도 크게 외롭지가 않습니다. 그런데 사랑하지 않는 사람은 수많은 사람들이 옆에 있어도 영혼이 갈급하고 외로워집니다. 결국 핵심은 사랑입니다.

그럼 벌컥 화를 내는 사람의 마음은 어떨까요? 사랑이 결핍되었기 때문입니다. 사랑할 때를 생각해보십시오. 마음이 얼마나 넉넉해집니까? 마음이 얼마나 따뜻해집니까? 무엇이든 포용할 마음이 생기지 않습니까? 이처럼 사랑이 있어야 두려움도 사라지고 외로움도, 분노도 물러갑니다. 사랑이야말로 하나님께서 인간에게 주신 축복입니다.

나의 열정은 어디로 향하는가?

요한복음 19장 25~27절에서는 예수님이 십자가에 못 박히셨을 때를 말씀하고 있습니다. 예수님은 살아 있는 채로 손과 발에 못이 박혀 십자가에 달리셨습니다. 옆구리는 창에 찔렸습니다.

> 예수의 십자가 곁에는 그 어머니와 이모와 글로바의 아내 마리아와 막달라 마리아가 섰는지라 (25절)

예수님을 사랑했던 네 여인들이 십자가 곁에 서 있었습니다. 그들은 예수님을 사랑했기에 십자가 곁을 떠나지 못했습니다. 가슴이 아파 슬픔으로 탄식했습니다. 반면 이들과 확연하게 대비되는 이들도 있습니다. 바로 네 명의 로마 병정들입니다. 그들은 예수님을 십자가에 못 박으면서 조롱했습니다. 예수님의 옷을 두고 제비를 뽑으면서 키득거렸습니다. 그들은 단순히 명령에 복종하는 군인들이었습니다. 예수님의 죽음에는 무관심했습니다. 그저 자기들의 이득을 취하는 데에만 관심이 있었습니다.

예수님이 운명하시기 직전 눈을 뜨고 아래를 내려다보시자 십자가 곁에는 두 사람이 더 있었습니다. 한 명은 어머니 마리아였습니다. 아들이 자기 눈앞에서 처참하게 죽어가는 광경을 바라보며, 어머니는 슬피 울고 있었습니다. 그리고 또 한 명은 사랑하는 제자 요한이었습니다. 예수님은 그에게 특별한 부탁을 하십니다.

> 예수께서 자기의 어머니와 사랑하시는 제자가 곁에 서 있는 것을 보시고 자기 어머니께 말씀하시되 여자여 보소서 아들이니이다 하시고 또 그 제자에게 이르시되 보라 네 어머니라 하신대 그때부터 그 제자가 자기 집에 모시니라 (26, 27절)

"요한아, 나를 사랑하지? 내 어머니를 모셔다오. 이제부터 네 어머니다. 내가 이렇게 먼저 가니 네가 내 어머니를 잘 돌보아주어라." 자신의 어머니를 요한에게 부탁하신 것입니다. 이 부분은 마태와 마가, 누가복음에는 기록되어 있지 않습니다. 예수님이 사랑하시던 제자 요한이 직접 예수님께 말씀을 듣고 기록한 것입니다. 요한은 이 말씀을 듣고서 예수님의 어머니 마리아를 자기 집으로 모시고 사랑으로 섬깁니다.

예수님은 요한이 형 야고보처럼 거칠고 과격하며 저돌적인 사람이라는 것을 알았습니다. 하지만 예수님은 그가 가진 또 다른 면모도 아셨습니다. 순수하고 착한 성정, 온유하고 사랑과 긍휼을 베풀 줄 아는 심성입니다. 여기서 생각해볼 필요가 있습니다. 우레의 아들, 천둥의 아들이라는 별명을 가진 요한이 어떻게 사랑의 사도로 변화될 수 있었을까요? 그것은 다름 아닌 열정 때문이었습니다. 예수님이 베드로와 야고보, 요한을 특별히 사랑하셨던 것은 그들 속에 열정이 있었기 때문입니다.

열정이란 사랑이 있다는 것이기에 굉장히 좋은 것입니다. 우리도 열정을 가져본 적 있지 않습니까? 연애할 때, 일할 때, 인생의 목표를 세울 때, 자녀들을 키울 때 열정이 있지 않았습니까? 열정 없는 인생을 사는 것은 사랑 없는 인생을 사는 것과도 같습니다. 그것은 인생을 허비하는 것이나 마찬가지입니다.

때로는 열정이 지나쳐 분노로도 표출되지만, 그 열정이 사랑으로 승화되면 진정한 사랑의 사람이 될 수 있다는 것을 예수님은 직감하셨습니다. 그것을 아셨기에 예수님은 그에게 어머니를 부탁하셨습니다.

사실 요한의 처음 열정은 왜곡된 열정이었습니다. 예수님을 위해서 화를 내는 것이 예수님을 사랑하는 것이라고 이해했습니다. 요한은 한마디로 예수님의 충성맨이었습니다. 예수님을 뒤좇으려는 열정이 가득했던 젊은 제자였습니다. 사마리아 사람들이 예수님의 행로를 거절했을 때, 그는 형과 함께 화를 냈습니다. 이런 못된 백성은 하늘에서 불을 내려 멸망시키자고 이야기했습니다. 하지만 그 또한 예수님을 보호하려는 충성심 때문이었습니다. 적대자들에게 화를 내고 분노하는 것 자체가 예수님을 위한 사랑이라고 여겼기 때문입니다.

그런데 예수님은 그런 그를 야단치셨습니다. "네 열정의 방향이 틀렸다. 저들을 모두 멸망시키는 것이 하나님의 뜻이 아니란다. 방향을 바꿔라."

또 하나의 사건이 있습니다. 예수님은 제자들을 두 명씩 짝을 지어 보내시며 예수님의 이름으로 복음을 증거하고 귀신을 내쫓으라고 말씀하셨습니다. 그런데 어느 곳에서는 귀신이 내쫓아지는데 어떤 곳에서는 귀신이 나가지 않았습니다. 이때 요한에게 소식이 들려왔습니다. 예수님의 무리가 아닌 사람들이 예수님의 이름으로 귀신을 내쫓는 능력을 사용한다는 것입니다. 요한은 화가 났습니다. 요새 말로 하면 예수님의 이름으로 귀신을 내쫓는 것은 제자들이 상표권을 가지고 있는, 특허를 낸 영역이라고 할 수 있습니다. 그런데 특허를 침해하는 사람이 생긴 것입니다. 예수님의 이름을 허락도 안 받고 마음대로 사용하는 사람이 있으니 얼마나 화가 났겠습니까? 그래서 요한은 그 사람을 찾아가 따져 묻습니다. "안 됩니다. 이것은 예수님의 제자들에게만 허용된 것입니다. 당신은 예수를 따르지 않으면서 왜 이것을 사용합니까?" 성경은 이 흥미로운 사건을 이렇게 기록하고 있습니다.

> 요한이 예수께 여짜오되 선생님 우리를 따르지 않는 어떤 자가 주의 이름으로 귀신을 내쫓는 것을 우리가 보고 우리를 따르지 아니하므로 금하였나이다 (막 9:38)

사실 제자들의 마음에 시기심이 있었습니다. 자신들이 하지 못하는 것을 다른 사람이 하는 것에 대한 질투심입니다. 일종의 배타적 집단주의입니다. 그런 요한에게 예수님은 아주 멋진 말씀을 해주십니다.

> 예수께서 이르시되 금하지 말라…… 우리를 반대하지 않는 자는 우리를 위하는 자니라 (막 9:39,40)

"내 이름으로 귀신을 쫓아냈다면, 생각해봐라. 한 사람의 생명이 살아나지 않았느냐. 그 사람이 치유되지 않았느냐? 그 사람이 예수님의 이름으로 그렇게 건강하게 되었다면 그것이 하나님 나라의 축복이 아니겠느냐. 왜 그것을 반대하고 못하게 하느냐. 우리를 적극적으로 반대하지 않는 사람이 하나님의 일을 한다면, 그냥 내버려둬라." 예수님은 그것을 하나님께서 허락하신 사건으로 받아들이셨습니다.

요한은 본래부터 사랑이 많았던 사람이 아니라 이렇게 배타적인 사람이었습니다. 그런 그가 사랑의 사도가 된 것은 스스로 사랑을 쌓으려고 애썼기 때문도 다른 사람에게 훈련을 받았기 때문도 아니었습니다. 그를 변하게 한 것은 바로 예수님입니다.

예수님과 친밀할 때 사랑할 수 있다

예수님은 공생애 기간 동안 베드로와 야고보, 요한을 자주 데리고 다니셨는데 그중 요한의 나이가 제일 어렸습니다. 요한은 늘 예수님 가장 가까이에 있었습니다. 예수님이 제자들과 마지막 만찬을 가지실 때도 그랬습니다. 당시 유대인들은 절반쯤 눕는 듯한 자세로 식사를 했는데, 그때 요한은 예수님의 가슴에 머리를 기대고 있었습니다. 그때 예수님께서 "너희 중의 한 사람이 나를 팔리라"(마 26:21)라고 말씀하시자 베드로는 요한더러 그가 누구인지 물어보라 요청하기도 했습니다.

이처럼 요한은 가장 가까이에서 예수님의 말씀, 예수님의 인격과 성품, 예수님의 행동 하나하나를 지켜보다 결국 예수님이 십자가에 달리시는 모습을 보게 되었고, 사랑이 무엇인지 깨달았습니다.

요한의 형제였던 야고보는 예수님의 제자 중 가장 먼저 순교를 당한 사람이었습니다. 그러나 요한은 100세 가까운 나이까지 살 정도로 장수했습니다. 그러나 젊은 나이에 순교한 야고보만큼이나 요한 역시 숱한 고난을 겪었습니다. 그래서 요한을 살아 있는 순교자라고 부르기도 합니다. 그가 나이 들었을 때 제자들을 향해 이런 이야기를 했다고 합니다. "얘들아, 하나님께서 예수님을 통해서 우리를 사랑하신 것처럼 우리도 서로 사랑하자. 너희도 서로 사랑해라."

이 사도 요한이 쓴 말씀이 요한복음과 요한일서, 요한이서, 요한삼서입니다. 또 아흔 살 넘어 밧모섬으로 유배당했을 때, 하나님의 계시를 받아 쓴 책이 요한계시록입니다. 예수님을 사랑하게 되면서 그 거칠고 저돌적이고 과격하던 열정이 사랑의 열정으로 바뀌어 이 같은 일들을 감당하게 된 것입니다.

그러면 사랑의 속성은 무엇입니까? '당신이 원하는 대로, 당신의 뜻대로 내가 하겠습니다.' 바로 이런 마음이 사랑 아닙니까? 예수님의 사랑을 깨달은 요한은 자기 이름을 드러내지 않았습니다. 요한복음에 몇 번 쓸 뿐이고, 거의 대부분 자신을 일컬어 "예수님이 사랑하시던 제자"라고 씁니다. 예수님이 나를 사랑하셨기 때문에 나는 사랑으로 이야기할 수밖에 없다는 것입니다. 그래서 스스로를 사랑의 근원이신 예수님께 사랑받은 자라고 이야기하는 것입니다.

요한일서 1장 1절 말씀에 이런 구절이 나옵니다. 여기에 나오는 "생명의 말씀"이란 예수님을 가리키는 것입니다.

> 태초부터 있는 생명의 말씀에 관하여는 우리가 들은 바요 눈으로 본 바요 자세히 보고 우리의 손으로 만진 바라

자신이 직접 듣고, 보고, 만진 예수님의 사랑 때문에 이렇게 사랑을 증거한다고 이야기하고 있는 것입니다.

어떤 아버지가 다섯 살 된 어린 딸에게 예쁜 인형을 사다주었습니다. 딸은 인형이 마음에 들었고, 인형에게 늘 이렇게 말했습니다. "너를 사랑해. 넌 참 예뻐." 그 모습을 보며 아버지는 딸에게 인형을 사다주길 잘했다고 생각했습니다. 그러던 어느 날 딸이 갑자기 인형을 난로 속에 던져 넣었습니다. 이 모습을 보고 놀란 아버지가 이유를 묻자 딸은 이렇게 대답합니다. "아빠! 나는 이 인형한테 '나는 너를 사랑해, 너는 참 예쁘구나'라고 매일 말했는데도 얘는 아무 대답이 없어요."

하나님이 우리에게 말씀하십니다. "나는 너를 사랑한다. 내가

너를 위해서 십자가에 못 박혔단다." 그 말에 대한 우리의 반응은 무엇입니까? 전심을 다해, 내 영혼을 다해, 기쁨으로 예수님을 향해 "주님, 사랑합니다."라고 고백하고 있습니까? 만약 내게 그 고백이 없다면, 하나님께서 나를 보시며 얼마나 아파하고 슬퍼하시겠습니까?

예수님의 제자 요한은 사랑할 줄 알았습니다. 두려움과 외로움, 분노를 넘어서는 사랑을 했습니다. 그가 그렇게 사랑할 수 있었던 이유는 다른 데 있지 않습니다. 주님께서 주시는 사랑을 있는 그대로 받아들였기 때문입니다. 그래서 그 사랑에 응답하고 그 사랑을 전할 수 있었던 것입니다. 다함없는 예수님의 사랑 때문이었습니다.

우리는 모두 사랑이 부족한 사람들입니다. 우리가 사랑할 수 있는 것은 오직 하나님 때문입니다. 예수님 때문에 사랑하게 되는 것입니다. 내 속에 두려움이 있습니까? 먼저 예수님의 사랑을 수용하십시오. 외로움이 나를 얽어매고 있습니까? 다시 예수님의 사랑을 느껴보십시오. 내 속에서 분노가 끊임없이 타오르고 있습니까? 예수님의 사랑 안에 거하십시오. 그리고 그 사랑에 응답해보는 것입니다. 사랑이 인생을 사는 비결입니다. 사랑하지 않으면 우리 인생은 낭비될 뿐입니다.

주님의 사랑에 흠뻑 젖었다면, 이제 그 사랑을 고백해보십시오. 나에게 그 사랑을 허락해주신 주님께 사랑한다고 고백하는 것입니다. 그리고 내게 주신 소중한 사람들에게 "사랑한다."라고 이야기하는 것입니다. 아내에게, 남편에게 "당신을 사랑해요. 나와 함께 있어줘서 고마워요. 당신이 내 남편, 내 아내여서 참으로 감사하고 행복해요."라고 말해보십시오. 자식들에게도 마찬가지입니다. "사랑한다. 네가 내 아들이어서, 내 딸이어서 참 고맙구나." 부모님께도, 형제와 이웃에게도 우리의 사랑을 전하는 것입니다. 바로 그럴 때 하나님께서 우리에게 주신 사랑의 축복을 누릴 수 있습니다.

바로 지금 이 순간, 이 자리에서부터 사랑을 표현해봅시다. 두려움을 벗고 사랑으로 나아가는 것입니다. 다만 우리가 꼭 기억해야 할 사실이 있습니다. 내 안에는 사랑할 능력이 없다는 사실입니다. 오직 예수님의 사랑으로 우리는 사랑할 수 있습니다.

바로 지금 이 순간,
이 자리에서부터 사랑을 표현해봅시다.
두려움을 벗고 사랑으로 나아가는 것입니다.
다만 우리가 꼭 기억해야 할 사실이 있습니다.
내 안에는 사랑할 능력이 없다는 사실입니다.
오직 예수님의 사랑으로
우리는 사랑할 수 있습니다.

마가복음 14:3-9

3 예수께서 베다니 나병환자 시몬의 집에서 식사하실 때에 한 여자가
　매우 값진 향유 곧 순전한 나드 한 옥합을 가지고 와서 그 옥합을 깨
　뜨려 예수의 머리에 부으니
4 어떤 사람들이 화를 내어 서로 말하되 어찌하여 이 향유를 허비하
　는가
5 이 향유를 삼백 데나리온 이상에 팔아 가난한 자들에게 줄 수 있었
　겠도다 하며 그 여자를 책망하는지라
6 예수께서 이르시되 가만두라 너희가 어찌하여 그를 괴롭게 하느냐
　그가 내게 좋은 일을 하였느니라
7 가난한 자들은 항상 너희와 함께 있으니 아무 때라도 원하는 대로
　도울 수 있거니와 나는 너희와 항상 함께 있지 아니하리라
8 그는 힘을 다하여 내 몸에 향유를 부어 내 장례를 미리 준비하였느
　니라
9 내가 진실로 너희에게 이르노니 온 천하에 어디서든지 복음이 전파
　되는 곳에는 이 여자가 행한 일도 말하여 그를 기억하리라 하시니라

향유를 부은 여인

당신 뜻을
따르겠습니다

진정한 사랑을 경험했는가?

이제까지의 삶을 돌아봤을 때 한 번이라도 진정한 사랑을 해본 적 있으십니까? 진정한 사랑이란 무엇일까요? 연인 사이에서 사랑의 고백을 할 때, 그들이 서로를 향해 주고받는 말 두 가지가 있습니다. 하나는 "당신은 내 거야."이고 다른 하나는 "당신의 뜻을 따를게요."입니다.

"당신은 내 거야."라는 말은 상대방을 철저하게 내 소유로 만들고 싶다는 바람을 표현한 것이자 내가 당신의 주인이 되고 싶다는 선언이기도 합니다. 그런데 이것은 사랑이 아니라 탐욕에 가깝습니다. 둘 사이를 수평적인 관계로 보는 것이 아니라 주인과 종이라는 수직적인 관계로 보는 말이기 때문입니다.

"당신의 뜻을 따를게요."라는 말은 사랑하는 이를 위해 자원하는 마음으로 헌신하겠다는 말입니다. 사랑하는 대상을 위해서 내모든 것을 다 내려놓을 수 있다는 의미입니다. 내가 아끼고 소중히 여기는 어떤 것도 당신을 위해 드릴 수 있다는 것입니다. 내 소신도, 체면도, 가치관도 심지어 목숨까지도 내던질 수 있다는 것입니다. 이처럼 상대방을 위해 종이 되겠다는 것, 그것이 바로 사랑입니다.

예수님을 사랑했던 사람들, 즉 우리 신앙의 선배들이 이렇게 하나님을 사랑했습니다. "내가 주님 뜻대로 하겠습니다!"라고 선언했습니다. 이는 강제가 아니라 자발적인 순종이었습니다.

믿음의 선진들처럼 예수님께 칭찬받은 한 여인이 있습니다. 그녀는 바로 예수님께 향유를 부었던 여인입니다. 예수님은 이 여인을 극찬하셨습니다. 이런 인정과 칭찬을 받은 사람은 구약에서도 신약에서도 찾기가 쉽지 않습니다. 예수님은 어떤 말로 이 여인을 칭찬하셨습니까?

내가 진실로 너희에게 이르노니 온 천하에 어디서든지 복음이 전파

되는 곳에는 이 여자가 행한 일도 말하여 그를 기억하리라 하시니라

(막 14:9)

예수님은 여자를 칭찬하시며 특유의 강조 구절을 넣으십니다. 바로 "내가 진실로 너희에게 이르노니"입니다. 진심과 신뢰가 담긴 표현입니다. 뒤이어 어떤 말씀을 하셨습니까? 바로 온 천하에 예수 그리스도의 복음이 증거 되는 곳에서 이 여자가 행한 일이 이야기 되고, 사람들이 이 여자를 기억하게 될 것이라는 말씀입니다. 이건 최고의 찬사입니다.

이 일이 언제 일어났습니까? 예수님께서 십자가 고난을 얼마 남겨두지 않았던 날이었습니다. 예수님은 목요일에 제자들과 최후의 만찬을 하셨고, 금요일에 십자가에 못 박히셨습니다. 그 일이 있기 전이니까 아마 수요일경 이 이름 여인 없는 여인을 만나신 것 같습니다. 사실 이때는 위기의 절정으로 치닫기 직전, 아주 긴박한 때였습니다. 여인과의 만남 전후에 있는 장면을 살펴보면 이를 잘 알 수 있습니다. 여인이 나오는 장면 바로 앞부분을 보면 예수님을 잡아 죽일 계략을 꾸미는 유대 지도자들 이야기가 나옵니다.

이틀이 지나면 유월절과 무교절이라 대제사장들과 서기관들이 예수를 흉계로 잡아 죽일 방도를 구하며 (막 14:1)

그리고 뒷부분에는 스승을 은 삼십에 팔아넘긴 제자 가룟 유다가 나옵니다.

열둘 중의 하나인 가룟 유다가 예수를 넘겨주려고 대제사장들에게 가매 (막 14:10)

앞에는 예수님을 죽이려는 사람들이 나오고, 뒤에는 예수님을 팔아넘기는 제자가 나옵니다. 한 여인은 예수님을 위해 모든 것을 다 바치려고 하는데, 종교 지도자들과 예수님을 3년 동안이나 따라다닌 가룟 유다는 예수님을 궁지에 몰아넣습니다. 그래서 이 가운데 있는 여인의 이야기가 더욱 빛이 납니다. 어느 누구보다 이 여인이 예수님의 진정한 제자였다는 사실을 우리에게 가르쳐주고 있는 것입니다.

사랑은 우리를 주인공으로 만들어준다

누가복음은 이 여인을 죄 많은 여인이라고 표현하고 있습니다. 그동안 아무도 그녀를 이해하지 못했고 위로하지도 않았습니다. 그런 그녀의 삶에 예수님이 찾아오셨습니다. 예수님만은 그녀를 다르게 대우하셨습니다. 그녀의 죄를 용서하시며 이해해주셨습니다.

예수님은 자신을 하나의 인격체로 대우하셨습니다. 이제껏 만나온 남자들은 자신의 육체만을 탐냈고 그럴수록 여인이 가진 사랑에 대한 갈증은 심해져만 갔습니다. 하지만 이제는 완전히 달라졌습니다. 여인의 마음에는 자신을 사랑해주는 사람이 생겼다는 기쁨이 생겼습니다. 더불어 예수님 때문에 자신이 사랑받을 수 있는 소중한 존재라는 사실을 알게 되었습니다.

우리의 자존감과 자긍심은 어디서부터 생깁니까? 사랑을 받을 때 자존감과 자긍심이 생깁니다. 이것이 없는 사람의 과거를 들여다보면, 그들에게는 사랑받은 기억이 없다는 것을 알 수 있습니다. 내가 얼마나 존중받을 만한 존재인지를 누군가가 사랑으로 가르쳐준 적이 없었기 때문에 늘 자존감 부족에 시달립니다. 자긍심이 생기다가도 무너집니다. 사랑이 자존감을 심어줍니다. 그렇기 때문에 사랑을 받는다는 것은 우리 인생에 얼마나 큰 축복인지 모릅니다.

예수님이 이 땅에 오셔서 하신 일이 무엇입니까? 우리로 하여금 자존감을 갖도록 하신 일입니다. 버려진 사람들, 소외된 사람들, 외로운 사람들, 삶을 포기한 불쌍한 사람들을 찾아가서 예수님은 말씀하셨습니다. "너는 버려질 존재가 아니라 소중한 존재다. 너는 이 세상에서 엑스트라로 존재하다가 어느 순간 사라질 사람이 아니다. 네 인생의 주인공은 바로 너다." 바로 이 사실을 가르쳐주신 분이 예수님이십니다. 예수님이 오늘도 우리를 찾아오셔서 뭐라고 말씀하실까요? "너는 이 세상 수십억 명 중에 하나지만, 나는 이 세상의 유일한 존재인 너를 사랑한다." 이렇게 예수님은 사랑으로 우리의 존재를 확인시켜주십니다.

사랑은 어떤 역할을 할까요? 상대방을 주인공으로 세워주는 것입니다. 남녀가 사랑을 하게 되면 갑자기 밝아지고 예뻐지기 시작합니다. 삶의 의미가 생기며 마음속에서부터 활기가 솟아납니다. 서로가 귀한 존재임을 일깨워줍니다. 그렇게 되면 숨겨져 있던 재능까지 살아납니다. 또한 상대방이 주인공이 되면서 나도 같이 주인공이 됩니다. 다른 모든 사람들은 조연으로 밀려나기 시작합니다. 삶에 지쳐 있을 때, 삶에서 의미를 찾지 못할 때 사랑이 희망이 되는 것입니다. 사랑이 주는 축복입니다.

사랑하는 자녀를 위해 온갖 수고와 노력을 마다하지 않았는데 어느 날 내 아들과 딸에게 사랑하는 사람이 생깁니다. 그동안은 내가 아들과 딸의 주인공 역할을 했는데, 이제 그 자리를 빼앗기는 것 같습니다. 자녀는 결혼할 사람을 데려와 이제 그가 주인공이 되었다며, 이제는 부모 곁을 떠나겠다고 이야기합니다. 사랑함으로써 이 세상의 다른 모든 것들을 상대화시키고, 서로가 주인공이 되는 것입니다. 우리 모두가 이런 과정을 통해 주인공이 되지 않았습니까? 예수님의 사랑도 그렇습니다. 예수님은 사랑으로 우리를 만나주셨고, 우리 안에 그 무엇과도 바꿀 수 없는 자긍심과 자존감을 불어넣어주시며 우리를 주인공으로 만들어주셨습니다.

종이 되고 싶은 마음

예수님의 제자들은 많은 문제를 안고 있었습니다. 예수님을 사랑한다고 말하며 따랐지만 실제 그들의 사랑은 너무나 작았습니다. 사랑보다는 명예욕과 권력욕이 더 많았습니다. 예수님을 이용해서 자기의 탐욕을 채우려고 했습니다. 그들이 쉽게 무너졌던 이유도 여기에 있습니다. 사랑 없이 따랐기 때문입니다. 그렇다면 그들은 언제 진정으로 바뀌었습니까? 부활하신 예수님을 만난 후에, 초대 교회의 성령의 충만함을 받은 후에 비로소 예수님을 온전히 사랑하게 되었습니다.

하지만 이 여인은 다릅니다. 예수님이 살아 계실 때, 예수님을 온전히 사랑할 줄 알았습니다. 그녀의 모습을 통해 우리는 많은 감동을 받습니다. 사랑의 속성에 대해 알게 됩니다. 사랑은 아무리 주고 또 주어도 더욱 주고 싶습니다. 이처럼 사랑에는 상대방을 위해서 내 것을 내놓게 하는 힘이 있습니다. 이 여인은 예수님을 향해서 자신의 마음을 활짝 열었습니다. 그리고 예수님의 사랑에 사랑으로 응답했습니다. 자기가 갖고 있던 가장 소중한 것으로 예수님의 마음을 기쁘게 하려고 했습니다. 성경은 이 여인의 모습을 다음과 같이 기록하고 있습니다.

> 예수께서 베다니 나병환자 시몬의 집에서 식사하실 때에 한 여자가 매우 값진 향유 곧 순전한 나드 한 옥합을 가지고 와서 그 옥합을 깨뜨려 예수의 머리에 부으니 (막 14:3)

그녀는 값비싼 향유를 예수님의 머리에 부었습니다. 그 값이 삼백 데나리온 이상이었습니다. 이는 노동자의 일 년 치 봉급에 해당되는 돈입니다. 그러나 여인은 개의치 않고 그 귀한 것을 아낌없이 예수님의 머리 위에 부었습니다.

돈이 얼마나 소중합니까? 돈이라는 것은 사랑을 가늠하는 잣대가 될 수 있습니다. 우리는 돈을 아무에게나 주지 않습니다. 하지만 아들과 딸에게는 주어도 주어도 아깝지 않습니다. 사랑하기 때문입니다. 혹시 배우자에게 돈을 주는 것이 아깝습니까? 만약 그렇다면 사랑이 부족하다는 이야기입니다.

사랑하는 사람이 좋아하는 것이면 무엇이든 해 줄 수 있는 것이 사랑입니다. 스스로 종이 되기를 자처하는 것, 그것이 사랑입니다. 자발적 포기가 기쁨이 되는 역설이 바로 사랑입니다.

하나님께 십일조를 드리는 것이 아까워서 억지로 드리고 있습니까? 혹시 드리지 않으면 하나님이 벌을 내리실까 봐 무서워서 드립니까? 아니면 이 헌금을 삼십 배, 육십 배, 백 배로 되돌려주실 것이란 마음으로 드립니까? 그렇다면 그것은 온전한 헌금이 아닙니다. 진정한 헌금은 하나님이 내게 주신 축복에 감사하는 마음으로 "주님, 사랑합니다. 모든 것이 하나님의 것임을 알고 비록 일부라도 주님께 되돌려드립니다."라는 마음으로 드리는 것입니다. 이것이야말로 하나님이 기뻐하시는 헌금입니다.

사랑하는 사람은 자유롭다

사랑 없는 헌신과 봉사 뒷면에는 보통 나의 탐욕과 욕망이 도사리고 있게 마련입니다. 하지만 이 여인은 달랐습니다. 그저 감사한 마음으로 자기의 모든 것을 예수님께 쏟아붓기로 결단했습니다. 하지만 사람들은 여인의 이러한 행동을 보며 비난하고 화를 냅니다.

어떤 사람들이 화를 내어 서로 말하되 어찌하여 이 향유를 허비하는가 이 향유를 삼백 데나리온 이상에 팔아 가난한 자들에게 줄 수 있

었겠도다 하며 그 여자를 책망하는지라 (막 14:4,5)

"삼백 데나리온이 넘는 이것을 팔아서 가난한 사람에게 돈으로 나눠주면 얼마나 좋았겠느냐?" 그들은 뚜렷한 명분을 가지고 여인을 비난했습니다. 이 여인을 비난한 사람들은 다름 아닌 예수님의 제자들이었습니다. 요한복음은 그중 가룟 유다가 그녀를 강력히 질타하였다고 기록하고 있습니다. 하지만 정작 가룟 유다 자신이 예수님을 은 삼십에 팔아 넘겨버렸습니다.

여인은 사람들의 시선이 두렵지 않았습니다. 조롱하는 것도 개의치 않았습니다. 왜냐하면 그녀는 예수님만 바라보고 있었기 때문입니다. 본래 이 여인은 손가락질당하고 비난받으면서 사람들의 시선을 피해 숨고 싶어 했던 여인이었습니다. 그런데 지금은 당당히 사람들 앞에 서 있습니다.

이렇게 사랑을 하면 나약했던 사람이 강해집니다. 비겁한 사람이 용기 있게 됩니다. 우리 어머니들을 보십시오. 연약한 여자일지라도 어머니가 되면 강해지고 대담해지고 용기 있는 존재로 바뀝니다. 자식을 사랑하는 마음이 있기 때문입니다.

세상 사람들은 이렇게 말합니다. "당당한 사람이 사랑도 할 줄 안다." 이 이야기도 맞지만 그 반대도 맞습니다. 사랑을 하면 당당해집니다. 이것이 사랑이 지닌 축복이자 하나님이 우리를 사랑하시는 이유이기도 합니다. "내가 너희를 사랑한다. 당당해져라. 너희도 나를 사랑해라. 내가 너희를 축복하겠다." 이것이 하나님께서 예수 그리스도를 통해 우리에게 보여주신 사랑이고, 약속이고, 축복입니다.

사랑하면 어느 것도 두려워하지 않는 용사가 됩니다. 사랑하면 노예로 갇혀 있던 삶이 자유를 향한 여정으로 바뀌게 됩니다. 이 여인의 모습처럼 말입니다.

이 여인이 우리에게 가르쳐주는 것이 또 있습니다. 여인은 예수님을 사랑하면서 예수님 속에 감추어진 신비한 빛을 보게 됩니다. 예수님이 당하실 십자가 고난 속에서 장차 다가올 하나님의 영광을 예감합니다. 그리고 인간을 위해서 자기 몸을 내어놓으신 예수님처럼, 예수님을 위해 자신에게 소중한 것들을 내어놓고 싶은 마음이 여인에게 생깁니다. 그래서 여인은 예수님의 머리에 기름을 붓습니다. 그렇게 함으로써 예수님을 메시아, 기름 부음 받은 자, 그리스도로 세웁니다. 얼마나 놀라운 사건입니까?

가이사랴 빌립보에서 예수님이 제자들을 향해서 물으셨습니다. "너희는 나를 누구라고 하느냐?" 그때 베드로가 대답했습니다. "주님은 그리스도이십니다. 주님은 메시아요, 하나님의 아들이십니다." 예수님은 그 말씀을 듣고 기뻐하셨습니다. 그러나 곧 수난의 길을 이야기하셨을 때, 베드로의 반응이 어떠했습니까? 화들짝 놀라며 예수님을 말렸습니다. "안됩니다!" 그때 예수님은 "사탄아 내

뒤로 물러가라"(마 16:23) 하시며 베드로를 꾸중하셨습니다.

베드로는 입으로 예수님을 기름 부음을 받은 메시아로 칭했습니다. 그러나 이 여인은 사랑과 행동으로, 즉 삶을 통해 예수님이 기름 부음 받은 메시아라는 것을 사람들 앞에 나타내 보였습니다. 누가 더 예수님을 사랑한 것입니까?

우리가 예수 그리스도를 따르면서도 앓고 있는 질병들이 무엇입니까? 크게 두 가지입니다. 첫째, 진실한 사랑을 받아보지 못해서 오는 병입니다. 툭하면 남에게 시비를 걸고 남 탓을 잘하고 고통스러워하는 이유는 사랑받지 못했음을 역설적으로 표현하는 방식입니다. 이것이 이 시대가 싸움과 갈등으로 가득 찬 이유이기도 합니다.

그런데 이보다 더 무서운 병이 있습니다. 사랑을 하지 않아서 생긴 병입니다. 자신을 포기할 만큼 사랑을 쏟지 않습니다. 사랑을 해야 우리의 삶에 자유가 찾아옵니다. 그리고 사랑을 해야만 진정한 자존감이 생깁니다.

예수님은 이 땅에 오셔서 우리에게 사랑을 가르쳐주셨습니다. 우리를 사랑한다고 말씀하시며 그 아들을 버리면서까지 우리를 사랑하셨습니다. 그리고 우리도 서로 사랑하라고 말씀하셨습니다. 우리는 사랑의 인생을 살아야 합니다. 신앙이란 다른 것이 아닙니다. 하나님이 나를 사랑하시는 그 사랑으로 이 땅에서 사랑의 스토리를 만들어가는 것, 그것이 신앙입니다. 내가 있는 자리에 사랑의 이야기를 꽃피우는 것, 그것이 하나님을 믿는 사람들의 삶입니다.

그리고 그 이야기의 주인공은 바로 우리입니다. 하나님은 오늘도 우리를 그 사랑 가운데로 부르십니다. 누군가에게 진정으로 사랑받아 본 기억이 없습니까? 하나님이 우리를 진정으로 사랑하십니다. 스스로를 포기해도 좋을 만큼 사랑할 수 있는 대상을 찾고 계십니까? 바로 우리 속에 계신 하나님뿐입니다. 그분의 사랑의 음성을 들으시기 바랍니다. 그리고 이 여인처럼 삶으로 사랑을 고백하고, 하나님의 사랑에 응답하시길 바랍니다. 바로 그때 진정한 사랑이 시작될 것입니다.

마태복음 9:9-13

9 예수께서 그 곳을 떠나 지나가시다가 마태라 하는 사람이 세관에 앉아 있는 것을 보시고 이르시되 나를 따르라 하시니 일어나 따르니라

10 예수께서 마태의 집에서 앉아 음식을 잡수실 때에 많은 세리와 죄인들이 와서 예수와 그의 제자들과 함께 앉았더니

11 바리새인들이 보고 그의 제자들에게 이르되 어찌하여 너희 선생은 세리와 죄인들과 함께 잡수시느냐

12 예수께서 들으시고 이르시되 건강한 자에게는 의사가 쓸 데 없고 병든 자에게라야 쓸 데 있느니라

13 너희는 가서 내가 긍휼을 원하고 제사를 원하지 아니하노라 하신 뜻이 무엇인지 배우라 나는 의인을 부르러 온 것이 아니요 죄인을 부르러 왔노라 하시니라

살아야 할 이유를 찾았다

약하고 부족한 자를 찾아오시는 예수님

우리는 어떤 사람들을 곁에 두고 싶어 합니까? 죄인 곁에 있기를 원합니까, 의인 곁입니까? 많이 가진 자, 높은 자 곁에 있기를 원합니까, 아니면 없는 자, 낮은 자 곁에 있기를 원합니까? 본능적으로 우리의 생각과 관심은 많이 가진 자, 높은 자에게로 향합니다. 그들에게서 뭐라도 얻을 수 있지 않을까 하는 계산이 있기 때문입니다. 하지만 이 땅에 오신 예수님은 우리와는 다른 방식으로 사람들을 만나셨습니다.

> 나는 의인을 부르러 온 것이 아니요 죄인을 부르러 왔노라 하시니라
>
> (마 9:13)

예수님은 죄인을 찾아오셨습니다. 병든 자를 찾아가셨고, 손가락질받는 사람들 곁에 거하셨습니다. 소외된 자를 만나는 것을 즐거워하셨습니다. 연약하고 가난한 자를 택하셨습니다. 모두가 더 많이 가지려 하고, 더 높은 곳으로 가려고 할 때 예수님은 세상을 거스르셨습니다. 그래서 우리는 예수님을 묵상할 때마다 큰 깨달음을 얻게 됩니다. 약하고 부족한 나에게 예수님이 직접 찾아오셨다는 감격에 차게 됩니다. 우리가 죄인 되었을 때 예수님의 은총 앞에 설 수 있다는 사실이 바로 복음입니다.

마태는 세리였습니다. 유대인의 적대국이었던 로마 제국을 위해 세금을 걷어 바치는 세금 공무원이었습니다. 동족의 돈을 수탈해 가이사 황제에게 바치는 세리는 동족에게는 엄청난 미움을 받을 수밖에 없는 직업이었습니다.

당시 유대인들은 세리를 인간 취급도 하지 않았습니다. 창녀와 묶어서 동류로 취급했으며 부정한 사람, 죄인, 매국노, 인간쓰레기 등으로 불렀습니다. 때로는 약탈자, 협잡꾼, 수전노, 도둑놈이라

고 낙인찍으며 조롱했습니다. 마태가 유대인 사회에서 그런 위치에 있던 사람이었습니다.

누가복음을 보면 또 다른 세리가 나옵니다. 세리장이었던 삭개오입니다. 그가 예수님을 영접하고 난 다음에 하는 회개를 들어보면, 당시 세리들이 어떤 일을 저질렀는가를 알 수 있습니다. 삭개오는 죄를 지으며 재물을 모았는데 결국 모든 재물을 청산하는 것으로 회개했습니다.

……만일 누구의 것을 속여 빼앗은 일이 있으면 네 갑절이나 갚겠나이다 (눅 19:8)

그렇다고 우리가 세리들을 질책할 수 있다는 말은 아닙니다. 세리들에게도 양심은 있었을 것입니다. 스스로 좋아서 시작했든 어쩔 수 없이 시작했든 사람들의 손가락질을 받는 것을 좋아할 사람은 아무도 없습니다. 아무렇지 않은 척해도 죄인으로서 가책을 느끼지 않을 수 없었을 것입니다. 모두가 그들을 불편하게 대했을 때 그들의 유일한 위안이자 방어 수단은 돈이었습니다. 적어도 경제적으로는 염려하지 않아도 되었고 사람들이 등을 돌려도 돈은 끝내 자기편이었습니다. 뒤에선 수군거리던 사람들도 면전에서는 굽실거리는 사람이 많았습니다.

아마 세리 마태에게도 돈이 이런 의미였을 것입니다. 자연히 그의 최대 관심사는 자기를 보호해줄 돈이었습니다. 그래서 누구보다도 수고로이 일했을 것이고 요즘 시대에 태어났으면 일중독에 빠져 있었을지도 모릅니다.

그런데 우리도 세리와 다를 게 없지 않습니까? 모든 것이 돈으로 환산되는 자본주의 시장경제체제에서 모든 사람이 돈 때문에 전쟁을 치르고 있습니다. 국가 간에는 보이지 않는 경제 전쟁을 치르고 있습니다. 영적인 것까지도 돈을 주고 사고팝니다. 일단 지갑에 돈이 있으면 마음이 편안해집니다. 지갑이 비면 사람을 만나는 게 겁이 납니다. 함부로 밥 먹자고도 못합니다. 만나도 먼저 식당에 들어갈 수 없습니다. 이렇게 돈은 휴대할 수 있는, 살아 있는 권력입니다. 돈이 있으면 힘이 생기고, 돈이 없으면 무력해지는 것을 우리도 살면서 뼈저리게 경험하고 있지 않습니까?

그런데 사도 바울은 "돈을 사랑함이 일만 악의 뿌리가 되나니"(딤전 6:10)라고 지적합니다. 왜입니까? 돈을 사랑하는 데서 탐욕스러운 것들이 나오기 때문입니다. 그렇게 사이좋던 형제들도 부모님이 돌아가시면 유산 때문에 다툽니다. 돈 때문에 자식이 부모에게 대듭니다. 살을 맞대며 오랫동안 살아온 부부가 원수처럼 싸웁니다. 돈독한 우정을 맺었던 친구가 등을 집니다.

예수님을 만나면 살아야 할 이유가 생긴다

이렇게 돈에 눈이 먼 세리가 예수님을 만나자 이상한 일이 벌어집니다. 그동안 자기만을 위해서 악착같이 아끼던 돈으로 예수님과 제자들을 위해서 잔치를 열었습니다. 세리들과 죄인들이 그 자리에 함께 앉았습니다. 전에도 이런 잔치를 베푼 적이 있었을까요? 탐욕스러운 사람에게 이런 자리를 기대하기는 어렵습니다. 정확하지는 않지만 마태는 예수님을 만나고서 이런 자리를 여러 번 더 가졌을 것 같습니다. 과거의 수전노 같았던 마태로서는 전혀 상상할 수 없는 일입니다. 어떻게 돈이 전부라고 생각하던 마태가 사람들에게 베푸는 것을 기뻐하게 되었을까요?

마태는 이제껏 자기 자신이 누구인지 몰랐습니다. 알려고 하지도 않았습니다. 그가 알고 있는 것은 사람들이 자기 면전에서는 웃지만, 돌아서서는 자기를 향해 손가락질을 한다는 사실뿐이었습니다. '저 매국노, 저 협잡꾼, 저 도둑놈!' 하고 사람들이 마음속으로는 자신을 손가락질하고 인간 이하의 취급을 한다는 것을 생각할 때면 가슴이 쓰렸습니다. 하지만 그러면 그럴수록 그는 돈에 더 집착했습니다.

돈이 자신을 보호해주는 방패가 된다고, 자신의 존재 가치를 증명한다고 생각하는 사람들이 얼마나 많습니까? 그도 그런 사람

중 하나였습니다. 그런 마음을 갖고 있었을 때, 예수님을 만난 것입니다.

예수님께서 그를 대하는 태도는 이제껏 다른 사람들과는 달랐습니다. 인근에서 소문난 랍비가 죄인이라 낙인찍힌 사람을 찾아오셔서 "나를 따르라" 하시며 제자로 초청하신 것입니다. 우리가 성경을 읽을 때마다 예수님께 감동을 받는 것은 이런 이유 때문입니다. 예수님은 인간 대접도 받지 못하는 사람을 온전한 인간으로 대접하셨습니다. "너도 하나님의 사람이다. 너에게도 소망이 있다. 너도 구원을 받을 수 있다. 너도 네 인생의 주인공으로 살 수 있다."라고 말씀하십니다.

나병환자는 사람을 만나면 "부정하다. 부정하다. 나는 부정하다."라고 소리쳐야 합니다. 다른 사람이 나병환자에게 가까이 가지 않도록 하는 것입니다. 그런데 예수님은 나병환자의 상처를 친히 손으로 쓰다듬으셨습니다. 또 제자들에게 가로막혀 예수님 앞에 가지 못한 소경 바디매오를 부르시고 그의 소원을 물어 눈을 뜨게 해주셨습니다. 간음하다 현장에서 붙잡힌 여인은 어떻게 대했습니까? 유대인들이 여자를 돌로 쳐 죽이려 했을 때, 예수님은 그녀의 변호인이 되어주셨습니다. 더 나아가 "너를 용서한다."라고 말씀하시며 귀하게 여겨주셨습니다. 마태에게도 이런 감격은 마찬가지였을 것입니다. 더 이상 조롱받는 존재가 아니라 하나님께서 인정하시고, 더 나아가 귀히 여기는 존재가 바로 자신임을 깨닫게 되었을 때, 그는 너무 기쁘고 감사했던 것입니다.

이 땅에서의 우리 인생도 언젠가 끝날 것입니다. 많이 가진 자든 적게 가진 자든, 높은 지위에 있는 자든 비천한 위치에 있는 자든 모두 마찬가지입니다. 사람이 죽음 앞에 섰을 때 이런 질문과 마주하게 된다고 합니다. '나는 무엇을 위해서 살았나? 내가 이 세상에 존재함으로 세상이 축복을 받았는가?' 한 사람도 예외 없이 내 인생의 의미에 대해 질문해야 합니다. 이때 자신 있게 대답할 수 있어야 합니다. '나는 ○○을 위해서 살았다.'라고 대답할 수 있어야 합니다. 아버지로서, 어머니로서, 남편으로서, 아내로서, 자녀로서, 직장인으로서 나의 존재 자체가 의미 있었다고 답할 수 있어야 합니다.

마태는 예수님을 만나면서 자신의 존재 이유를 깨닫게 되었습니다. 나를 인정하는 예수님과 하나님이 계시고, 그 하나님이 나에게 사명을 주셨다는 사실을 확인하면서 그는 이렇게 소리쳐 외치고 싶었을 것입니다. "내가 예수님을 만났다! 예수님이 내 소망이고 나의 생명이다! 그리고 내가 예수님의 제자가 되었다!"

예수님을 선택하면 인생의 목표가 보인다

예수님과 마태의 만남은 두 가지 면에서 매우 인상적입니다. 첫째
는 예수님의 부르심 앞에 그가 즉각적으로 반응했다는 것입니다.

> 예수께서 그곳을 떠나 지나가시다가 마태라 하는 사람이 세관에 앉
> 아 있는 것을 보시고 이르시되 나를 따르라 하시니 일어나 따르니라
> (마 9:9)

즉시 일어나 따랐다는 것은 사실 굉장한 결단이고 용기입니
다. 자기 직업을 내려놓았다는 뜻입니다. 여기서 한 가지 질문을 하
겠습니다. 예수님을 믿고 나면 주도적인 사람이 될까요, 그 반대일
까요? 우리는 예수님을 믿으면 순종하며 살아야 하기 때문에 수동
적인 사람이 될 것이라고 오해합니다. 하나님께 모든 걸 맡기고 산
다는 것이 나는 아무것도 하지 않고 가만히 있으면 된다고 착각할
때가 있습니다. 독일의 사회주의 철학자 카를 마르크스(Karl Marx)가
러시아 정교회를 보면서 가장 분노했던 것도 이러한 이유였습니다.
교회가 아편에 취한 것처럼 활력도 없고 생기도 없는 사람들을 양
산했다는 것입니다. 하지만 이것은 그가 교회와 예수님에 대해 모
르고 오해한 것입니다. 진짜로 예수님을 믿으면 오히려 주도적인

사람이 됩니다.

마태는 자기를 향한 사람들의 냉소적인 시선 때문에 사람 만나기를 싫어했습니다. 그런데 어찌된 일인지 예수님을 만나고 나서부터는 자발적으로 제자들 무리에 가담해 예수를 좇았습니다. 그동안은 마지못해 사는 인생, 눈치 보고 꾸물거리며 사는 인생이었다면 이제는 자기주도적인 인물로 변했습니다. 무엇이 그를 변하게 만들었을까요? 마태는 예수께서 "나를 따르라" 하고 말씀하시자, 자신의 실존과 마주하게 되었습니다. '지금 이대로 계속 살 것인가, 아니면 예수님과 함께 인생을 새롭게 열어볼 것인가?' 그러면서 인생의 주도권을 갖게 된 것입니다. 황폐한 영혼에 새로운 불길이 당겨졌습니다. 그러곤 마침내 머물고 있던 자리를 박차고 나왔습니다. 그에게 삶의 새로운 목표가 주어진 것입니다.

예수님은 우리에게 이렇게 말씀하십니다. "하나님은 너를 하나님의 아들과 딸로 만드셨고 네게 인생을 주었어. 너는 네 인생의 주인공이야. 너의 인생은 다른 사람이 살아주는 것이 아니라 나와 함께 네가 살아가는 거란다. 이제 시작해야 해!"

예수님을 믿는다는 것은 교회에만 머물며 세상을 피해 수동적인 인생을 사는 것이 아닙니다. 오히려 주님과 함께 새로운 가치관과 목표를 가지고 달려가는 것입니다. 이것이 바로 믿음의 사람들의 모습입니다. 이것을 놓치게 되면 우리는 예수님을 믿으면서도 무기력한 사람이 됩니다. 하나님께 모든 것을 맡긴다고 하면서도, 우리에게 주어진 축복들을 놓치게 됩니다.

지갑의 회심이 일어났는가?

예수님과 마태의 만남에서 두 번째로 인상적인 모습은, 예수님의 제자가 되고 처음으로 마태가 한 일입니다. 마태는 예수님을 초대해서 잔치를 베풀었습니다. 예수님의 제자들과 자신의 친구들도 불러 잔치를 베풀었습니다. 이것은 무엇을 의미할까요? 예수님이 마태에게 사명을 주시니, 그동안 놓치면 안 된다고 생각하며 움켜쥐고 있던 것을 내놓기 시작한 것입니다. 그는 마음을 열었습니다. 그러자 그의 인생은 축제와 잔치의 인생이 됩니다.

우리는 때로 하나님 앞에서 내 죄악으로 인해 가슴을 치고 금식하며 회개할 때가 있습니다. 그러나 그것이 인생의 목표는 아닙니다. 왜 회개합니까? 왜 금식하며 하나님 앞에 무릎을 꿇습니까? 하나님이 주신 인생을 아름답게 살기 위해서 아닙니까? 하나님은 우리를 잔치하면서 살도록, 하나님으로 인해 기뻐하고 즐거워하면서 살도록 부르셨습니다. 마태는 이 놀라운 사실 앞에서 잔치를 베풀 수밖에 없었습니다.

예수께서 마태의 집에서 앉아 음식을 잡수실 때에 많은 세리와 죄인들이 와서 예수와 그의 제자들과 함께 앉았더니 (마 9:10)

자신만을 생각하던 마태가 공동체를 생각하게 되었습니다. 그런데 그 공동체의 중심에 누가 있었습니까? 예수님이 계셨습니다.

우리가 가진 돈은, 세상 친구들과 놀고먹는 데 쓰라고 있는 것이 아닙니다. 바로 하나님 나라를 위해서, 예수님을 위해서, 하나님 나라의 잔치를 위해서 쓰라고 있는 것입니다. 내 시간, 내 돈, 내 달란트가 그렇게 쓰임을 받을 때 그것이 축복이 되는 것입니다.

예수님은 마태를 찾아오셔서 말씀하십니다. "마태야, 돈보다도 더 소중한 것이 있단다. 일보다 더 소중한 것이 있단다. 네가 이룬 업적보다 더 소중한 것이 있단다. 그것은 바로 너 자신이란다. 네가 돈보다 더 소중하고, 네가 너의 일보다 더 소중하고, 네가 네 업적보다 더 소중하단다." 이 음성을 들은 마태는 자기가 움켜쥐고 있던 돈을 주님과 하나님 나라를 위해서 내어놓을 수 있었습니다.

종교개혁자 마르틴 루터(Martin Luther)는 인간에게는 세 가지 종류의 회심이 필요하다고 말했습니다. 그것은 마음의 회심, 생각의 회심 그리고 지갑의 회심입니다. 우리 가슴과 머리뿐 아니라 돈을 사용하는 데 있어서도 회심이 일어나야 온전하다는 것입니다.

하나님은 오늘도 우리를 그분께로 부르고 계십니다. 내가 갖고 있는 것이 나를 지배하지 않도록, 내 일이나 돈이 나를 지배하지 않도록 깨어 있으라고 말씀하십니다. 결국 하나님이 가르쳐주시려는 것은 우리 자신이 가장 소중하다는 것입니다. 돈이 나를 다스리는 것이 아니라 내가 돈을 다스릴 수 있어야 하고, 내가 일에 끌려가는 게 아니라 내가 일을 이끌어가야 합니다. 그것을 위해 우리를 그리스도 안에서 자기주도적인 사람으로, 또한 축제의 인생을 살아가는 사람으로 부르십니다.

얼굴 찡그리면서 살아가면 안 됩니다. 우울한 마음으로 "나는 안 돼! 나는 할 수 없어."라고 탄식하며 살아가는 것을 하나님은 허락하지 않으십니다. 하나님은 말씀하십니다. "너는 정말 소중한 존재다. 그러니 주저앉아 있지 말고 일어나라. 그리고 나를 따라와라. 내가 너에게 나의 창의력을 주었으니 네가 가지고 있는 시간, 달란트, 돈을 하나님을 위해 사용해봐라."

예수님은
마태를 찾아오셔서 말씀하십니다.
"마태야, 돈보다도 더 소중한 것이 있단다.
일보다 더 소중한 것이 있단다.
네가 이룬 업적보다 더 소중한 것이 있단다.
그것은 바로 너 자신이란다.
네가 돈보다 더 소중하고,
네가 너의 일보다 더 소중하고,
네가 네 업적보다 더 소중하단다."

마태복음 14:25-32

25 밤 사경에 예수께서 바다 위로 걸어서 제자들에게 오시니

26 제자들이 그가 바다 위로 걸어오심을 보고 놀라 유령이라 하며 무
서워하여 소리 지르거늘

27 예수께서 즉시 이르시되 안심하라 나니 두려워하지 말라

28 베드로가 대답하여 이르되 주여 만일 주님이시거든 나를 명하사
물 위로 오라 하소서 하니

29 오라 하시니 베드로가 배에서 내려 물 위로 걸어서 예수께로 가되

30 바람을 보고 무서워 빠져 가는지라 소리 질러 이르되 주여 나를 구
원하소서 하니

31 예수께서 즉시 손을 내밀어 그를 붙잡으시며 이르시되 믿음이 작
은 자여 왜 의심하였느냐 하시고

32 배에 함께 오르매 바람이 그치는지라

베드로

믿음을 행동으로
옮기라

깎이고 닦여야 산다

아름답게 빛나는 보석이 있습니다. 하지만 이 보석이 처음부터 이렇게 반짝거렸을까요? 보석 하나가 내 손에 들어오기까지는 중간에 많은 공정이 필요합니다. 광산에서 광부가 원광석을 채취하면, 그중에 양질의 원석을 골라서 적절한 형태로 자릅니다. 처음에는 대절단, 크게 자르고 다음에는 세절단, 아주 작게 자릅니다. 그 다음에는 연마판을 통해 표면을 매끄럽게 하는 가공 과정을 거칩니다.

그러고 나서 반지에 쓸 것인지, 목걸이에 쓸 것인지, 팔찌에 쓸 것인지 용도에 따라 적절하게 세팅합니다. 이 모든 과정을 거쳐야 비로소 상품 가치가 있는 완성품으로 탄생할 수 있습니다.

비단 보석뿐만 아니라 가구, 옷, 집도 마찬가지입니다. 우리가 구매해서 사용하고 있는 모든 물건들이 이런 식으로 가공된 것들입니다. 그런데 이런 가공을 거치는 것은 사람에게도 해당됩니다. 그냥 내버려둔다고 해서 저절로 올바른 사람이 되는 것이 아닙니다. 신앙, 품성 그 어느 것 하나 시간이 해결해주지 않습니다. 사람에게도 가공이 필요하며 우리는 이를 '교육' 또는 '훈련'이라고 부릅니다.

예수님은 제자를 택하실 때, 이미 빛나고 있는 사람을 택하지 않으셨습니다. 어디에나 널려 있는 돌처럼 흔한 원광석 같은 사람을 택하셨습니다. 스스로 '이만하면 지식이 있지. 이만하면 영성이 있다고 할 수 있지!'라고 생각하는 사람들에게 예수님은 관심이 없었습니다. 오히려 자신에 대해 부족함을 느끼고 탄식하며 살고 있는 사람들에게 다가오셨습니다. 갈고 닦으면 빛나는 보석이 될 사람들을 택하신 것입니다.

성숙한 사람으로 나아가는 데는 과정이 필요합니다. 가정에서는 양육, 학교에서는 교육, 사회에서는 훈련이 필요합니다. 그러한 과정을 통해서 바른 습관과 건강한 가치관을 형성해야 합니다. 이기적이고 탐욕적인 마음, 화를 참지 못하고 어려운 일이 생기면 무조건 남에게 책임을 넘기는 비뚤어진 마음들은 반드시 깎이고 변화되어야 할 모습입니다.

인생에는 멘토가 필요하다

하지만 우리에게는 이런 의심이 있습니다. '사람이란 과연 변화될 수 있는 존재일까?' 여기서 변화란 이전보다 좋은 방향으로 가는 것입니다. 스스로를 한 번 살펴보십시오. 지금의 나는 과거의 나와 비교해서 변화되었습니까? 아니면 전혀 바뀌지 않고 그대로입니까, 혹은 지금 바뀌고 있는 중입니까? 사람들마다 답변이 다 다를 것인데 인간을 어떤 관점에서 바라보느냐에 따라 대답이 달라질 수 있기 때문입니다. 인간을 악하게 보는 사람들은 사람에게는 변화의 가능성이 없다고 합니다. 아무리 노력해봐야 인간이 달라질 게 없다는 염세주의적 사고입니다. 인간의 선함을 믿는 사람은 변화될 미래를 지나치게 낙관하며 인간의 힘으로 유토피아를 건설할 수 있다고 여깁니다.

하지만 성경은 인간의 악함과 선함을 동시에 이야기합니다. 인간이 자기를 바라보고 살면 변화를 기대하기 어렵지만, 인간을 만드신 하나님 앞에 나아가면 변할 수 있다고 가르칩니다. 나의 의

지와 노력, 힘만으로는 어려우나 하나님의 은혜 안에 머문다면 변화될 수 있다고 말합니다. 그렇다면 어떻게 은혜 안에 머물 수 있을까요? 다음의 두 가지 요소가 우리에게 필요합니다.

첫째, 자기 자신이 문제가 많은 인간임을 자각해야 합니다. 그래야 변화가 시작되고 변화에 대한 열망이 생깁니다. 예수님이 당대 최고의 지도자인 지식인들, 바리새인들, 서기관들을 꾸짖으셨던 이유가 무엇입니까? 그들은 스스로 변화에 대한 필요를 느끼지 못하고 있었습니다. '나는 이만하면 됐어. 이만하면 지식인이고, 이만하면 종교심도 뛰어나다고.' 예수님은 그런 그들에게 아직도 자기 자신을 모르고 있다고 말씀하시며 "화 있을진저 너희 바리새인이여"(눅 11:42)라고 꾸짖으셨습니다.

둘째, 좋은 멘토나 존경할 만한 스승을 만나야 합니다. 그것은 사람뿐 아니라 책이 될 수도 어떤 특정한 경험이 될 수도 있습니다. 멘토를 만나면 우리는 배움의 즐거움을 경험할 수 있습니다. 지금보다 더 나은 삶을 살 수 있다는 기대감도 갖게 됩니다.

그렇다면 어디에서 멘토를 찾을 수 있을까요? 최초의 멘토는 가정에 있습니다. 어머니, 아버지, 형제자매가 나의 멘토입니다. 학교 선생님과 교회 선생님과 전도사님, 목사님들도 이 역할을 해줄 수 있습니다. 하지만 이들에게는 분명한 한계와 약점이 있습니다. 그들도 인간이기에 현실적인 문제에 부딪혀 걱정과 염려에서 자유롭지 못합니다. 다른 사람을 가르치려면 완벽해져야 한다는 것이 아닙니다. 다만 인간에게 있어서 완전하고, 따를 수 있는 분은 오직 예수 그리스도밖에 없음을 기억하라는 말입니다.

우리는 성경을 읽으면서 예수님이 인생 최고의 멘토이자 스승이라는 것을 확인합니다. 예수님은 말과 행동이 일치하셨음은 물론이고, 죄인을 살리기 위해서 우리를 대신해 십자가를 짊어지실 만큼 우리를 사랑하신 분입니다.

예수님 곁에 머물 때 일어난 일들

예수님의 제자 중 베드로는 자기 생각을 잘 표현할 줄 아는 사람입니다. 생각한 것을 주저하지 않고 말로 표현했고 또 말을 행동으로 곧장 옮겼습니다. 저는 저와 매우 다른 베드로의 성격이 참 부러웠습니다. 기질로 말하면 저는 우울질인데 베드로는 다혈질인 사람입니다. 저는 생각이 아무리 많아도 입으로 내뱉기가 참 어렵고, 말을 했다고 해도 행동으로 옮기기가 어려운데 베드로는 저와 다르게 쉽게 실천하는 모습이 멋있게 보였습니다.

요새 젊은 세대들은 많이 바뀐 것 같지만, 나이가 좀 드신 분들은 저의 어려움에 공감할 것입니다. 표현하는 데 여전히 서툴니다. 화가 나도 좋은 일이 있어도 쉽게 표현을 안 합니다. 이런 태도가 다 나쁜 것은 아니지만 어려울 때도 표현을 하지 않는 것은 마음을 상하게 합니다. 나 자신뿐 아니라 곁에 있는 사람들도 힘들고 답답해지기 때문입니다.

속마음을 다른 사람에게 드러내는 것을 싫어하는 사람 중에는 자의식이 강한 부류가 있습니다. 스스로가 잘났다고 생각하는 사람들은 대부분 자의식이 강합니다. 그러나 이 자의식이 지나치면 자신을 억압합니다. 이런 사람들은 대개 자기방어적입니다. 그렇게 억누르다가 어느 순간에는 단숨에 무너지게 됩니다.

그런데 베드로는 그렇지 않았습니다. 베드로는 예수님께서 제자들에게 질문을 하시면 손을 제일 먼저 들고 자기 생각을 당당하게 밝혔습니다. 아마 베드로가 오늘날 학교에 갔다면, 수업시간에 가장 시끄러운 학생이었을 것입니다. 선생님이 질문을 하면 손을 들고 대답을 독점하려 했을 것입니다. 잘못 대답해서 야단을 맞거나 부끄러움을 당할까 염려하지 않았습니다.

하지만 이런 베드로의 성정은 장점이면서 동시에 약점이기도 했습니다. 서툴고 급한 그의 말과 행동에 주변 사람들로부터 꾸중도 많이 들었던 것 같습니다. 땅바닥에 떨어진 돌멩이 같은 원광석 같은 보통 사람, 그릇에 비유하면 금 그릇이나 은그릇이 아닌 질그릇 같은 사람이었습니다.

하지만 베드로가 예수님의 손에 붙들렸을 때 예수님이 쓰실 만한 그릇으로 바뀌게 됩니다. 순식간에 바뀐 것도, 저절로 바뀐 것도 아닌 아주 천천히 변화되었습니다. 실패를 반복했지만 다시 일어나 예수님 곁에 머물렀을 때 그의 생각과 가치관, 인생의 목표 등이 서서히 바뀌어갔습니다. 더디더라도 '변화'는 분명했습니다.

예수님을 가장 사랑했던 사람

변화되어가는 베드로를 보면서 처음에 이런 질문을 했습니다. '그는 본래 어부가 아니었던가? 그런데 어떻게 하나님이 사용하시는 사람 낚는 사람이 될 수 있었을까? 그가 매일 바라본 것은 갈릴리 바다였을 텐데, 그런 그가 어떻게 로마제국과 전 세계를 향한 꿈을 품고 복음을 증거하는 비전의 사람이 되었을까?'

베드로는 고난을 받으면 도망가는 비겁한 면도 있었지만, 그런 그에게 성령이 임하자 "나에게 고난을 줘봐라. 아무리 그런다 해도 나는 가야 할 길을 갈 수 있다!"라고 당당하게 외치는 믿음의 사람이 된 것입니다. 참 놀랍지 않습니까? 어떻게 이런 일이 가능할까요? 그것은 바로 예수 그리스도를 만난 사건으로부터 시작됩니다.

베드로가 예수님을 만나기 전, 그는 '시몬'이라고 불렸습니다.

그런데 예수님이 베드로를 만나자마자 그에게 '게바', 즉 베드로라는 이름을 주셨습니다.

> ……예수께서 보시고 이르시되 네가 요한의 아들 시몬이니 장차 게바라 하리라 하시니라 (게바는 번역하면 베드로라) (요 1:42)

게바는 '반석'을 뜻하는 아람어고, 베드로는 헬라어이자 라틴어입니다. 예수님은 시몬을 만나시고는 곧장 '너는 베드로다. 너는 반석이다. 너는 바위다.'라고 별칭을 주신 것입니다.

성경을 아무리 읽어보아도 베드로가 예수님과 함께 있을 때 바위 같은 모습을 보인 적은 단 한 번도 없습니다. 오히려 갈대처럼 흔들리는 변덕쟁이에 가깝고, 다혈질적이라 안정성이 없던 사람이었습니다. 그래서 예수님께 꾸지람도 많이 들었습니다. 그런 시몬을 예수님은 왜 게바라, 베드로라 부르셨을까요? 예수님은 베드로의 거친 현재 모습이 아니라 그 속에서 보석과 같이 빛나고 변화될 모습을 보신 것이 아닐까 생각합니다. 그래서 그를 격려하고 새롭게 하기 위한 마음으로 그 이름을 붙여주신 것입니다.

그런 점에서 이름이란 중요합니다. 격려는 매우 중요합니다. 사람이라면 누구나 문제점은 가지고 있습니다. 그러나 문제점만 지적하고 책망해서는 아무런 발전이 없습니다. 이것은 부모자녀 관계에도 해당되는 이야기입니다. 부모만큼 자기 자녀의 단점을 가장 잘 아는 사람은 없습니다. 그러나 동시에 누구보다 자녀의 장점도 잘 볼 줄 아는 사람입니다. 부모는 자녀를 훈계할 뿐 아니라, 자녀를 격려할 줄 알아야 합니다.

그런 점에서 베드로는 예수님의 특별한 사랑을 받은 사람입니다. 그래서 저는 이런 오해를 가지고 있었습니다. '예수님도 사람을 편애하신 것이 아닌가? 예수님도 편견을 갖고 사람을 대하신 것이 아닌가? 왜 열두 제자 중에 베드로만 특별히 좋아하셨을까?' 그러나 성경을 다시 읽어보니 오히려 그 반대였습니다. 예수님은 모든 제자들을 사랑하셨지만, 베드로가 유난히 예수님을 좋아했다는 점입니다.

베드로는 예수님이 무슨 말씀을 하실지 늘 기대하던 제자였습니다. 가이사랴 빌립보에서 예수님이 "너희는 나를 누구라 하느냐?"라고 질문하실 때에도 베드로가 제일 먼저 손을 들고 "주는 그리스도시요 살아 계신 하나님의 아들이시니이다"라고 고백했습니다.(마 16:15,16)

또 어느 날은 저녁이 되어 예수님이 기도하시러 산에 올라가시고, 제자들은 배를 타고 갈릴리 바다를 건너갈 때였습니다. 그때는 새벽이 오기 바로 직전, 어둠이 가장 짙은 때였습니다. 얼마쯤 가다보니 바람이 불고 파도가 일기 시작했습니다. 제자들은 두려웠습니다. 그런데 저 멀리서 한 존재가 물 위로 걸어오고 있었습니다. 제자들은 그분이 예수님인지 알지 못했습니다. 유령이라고 생각했습니다. 그때 예수님이 말씀하십니다. "안심하라 나니 두려워하지 말라"(마 14:27). 제자들은 유령을 본 것처럼 혼비백산합니다. 하지만 그중에 가장 먼저 예수님을 알아본 사람이 바로 베드로였습니다.

사랑하면 보이는 것들

본래 누군가를 사랑하면 한눈에 그 사람을 알아보지 않습니까? 많은 사람들이 함께 찍혀 있는 사진이라도 가족의 얼굴은 금방 눈에 띕니다. 어머니의 눈에는 아들이 보이고 남편의 눈에는 아내가 보입니다. 아들의 눈에도 사랑하는 어머니가 먼저 보입니다. 관심이 있고 좋아하면 눈에 들어옵니다. 사랑은 이처럼 모든 것을 꿰뚫는 힘이 있습니다.

　　우리 인생에서 제일 중요한 것이 사랑의 눈으로 보는 것, 즉 '사랑의 해석학'을 가지는 것입니다. 사랑이 있어야 움직이기 시작합니다. 사랑이 있어야 깨닫기 시작합니다. 어느 분야나 마찬가지입니다. 미술사학자 유홍준은 《나의 문화유산답사기》에서 조선 정조 때 문장가였던 유한준의 글을 인용하며 이렇게 이야기합니다.

"사랑하면 알게 되고 알게 되면 보이나니 그때 보이는 것은 예전 것과 같지 아니하더라."

사랑은 보는 것을 바꾸고 삶도 바꿉니다. 사랑하면 판단도 빨리 하게 될 뿐 아니라 행동도 빨리 하게 됩니다. 우리가 자녀들에게 왜 이렇게 게으르냐고 야단을 치지만, 항상 게으른 것은 아닙니다. 자기가 좋아하는 것을 하기 시작하면 갑자기 부지런해집니다. 새벽부터 일어납니다. 그러므로 우리가 본래 게으른 것이 아닙니다. 사랑이 없어서 게을러지는 것입니다. 신앙에 게으름이 생겼다면 사랑이 식었기 때문입니다. 베드로를 보십시오. 예수님을 사랑하니까 앞장서기 시작합니다. 예수님을 사랑하니까 예수님께 기대하기 시작합니다. 예수님을 사랑하니까 어떤 편이 좋은 것인지 깨닫습니다.

인생을 보는 수많은 해석학이 있지만 우리가 성경을 통해서 예수님으로부터 배우는 해석학은 단연 사랑의 해석학입니다. 하나님을 사랑하는 사랑의 해석학, 예수님이 사랑하신 인간을 사랑하는 사랑의 해석학, 이것이 우리 그리스도인들이 가진 최고의 해석학입니다.

베드로는 이 사랑의 해석학을 가지고 있었습니다. 그래서 깜깜한 중에도 바다 위를 걸어오시는 분이 예수님이라는 사실을 알아챌 수 있었던 것입니다. 게다가 그는 그저 예수님만을 바라보고 인식하는 데서 그치지 않았습니다. 가장 빨리 반응했습니다.

베드로가 대답하여 이르되 주여 만일 주님이시거든 나를 명하사 물 위로 오라 하소서 하니 오라 하시니 베드로가 배에서 내려 물 위로 걸어서 예수께로 가되 (마 14:28, 29)

"만일 주님이시거든 나를 명하[소서]"라고 베드로는 예수님께 요청합니다. 그는 예수님께 가까이 가고 싶었습니다. 예수님처럼 걷고 싶었습니다. 그래서 아무도 생각지 못했던 요청을 예수님께 하고 맙니다.

예수님이 제자들을 부르실 때, "와서 보라(come and see)"라고 말씀하셨는데 이번에도 베드로에게 이와 같이 말씀하셨습니다. "오라" 그 말에 베드로는 두 말하지 않고 물 위로 성큼 발을 내딛었습니다.

사실 베드로는 처음 예수님을 만났을 때부터 예수님께 관심을 가졌습니다. 그날 베드로는 밤이 새도록 물고기를 잡지 못해 고통을 받고 있었습니다. 예수님은 이런 베드로를 찾아오시며 깊은 곳에 가서 그물을 내리라고 말씀하십니다. 그때 베드로는 예수님의 말씀에 토를 달지 않았습니다. "나는 어부고 주님은 목수 아닙니까? 물에 있어서는 내가 프로고 주님은 아마추어입니다."라고 하지 않고 즉각 순종했습니다. 그저 예수님의 말씀에 귀를 기울였습니다.

……우리들이 밤이 새도록 수고하였으되 잡은 것이 없지마는 말씀에 의지하여 내가 그물을 내리리이다 하고 (눅 5:5)

말씀에 의지하여 그물을 내린 후 베드로는 예수님의 제자가 되었습니다. 이때부터 그는 예수님의 말씀을 사모하게 되었습니다. 예수님의 말씀을 기대하고 귀 기울이며 예수님을 더욱 사랑하게 되었습니다. 예수님을 사랑하게 되니 예수님이 더 잘 보였습니다. 결국 예수님께 순종하는 사람이 되었습니다.

이번에는 베드로가 예수님을 부인했던 장면을 떠올려봅시다. 예수님이 잡히시던 날 제자들은 그 자리에서 모두 도망을 갔습니다. 하지만 베드로는 예수님을 사랑했기 때문에 끝까지 예수님 곁에 있으려고 애썼습니다. 결국 실패하기도 했지만 그 실패는 진짜 실패가 아닙니다. 똑같이 예수님을 부인하긴 했지만 가룟 유다는 예수님에 대한 사랑이 부족했기에 결국 실패하고 맙니다. 하지만 베드로는 예수님을 사랑했기 때문에 "네가 나를 사랑하느냐?" 물으셨던 예수님을 통해 사랑을 회복하고 주님께 모든 것을 드리게 되었습니다.

베드로의 생애를 여러 가지 면에서 해석할 수 있지만, 그 중심에는 예수님을 향한 사랑이 있습니다. 예수님을 사랑하니까 예수님을 바라보게 되고, 예수님을 사랑하니까 예수님의 말씀대로 순종하기를 원했던 것입니다.

사랑하고 있습니까?

살다보면 뜻하지 않은 고난들도 만나게 됩니다. 실패도 하고 절망할 때도 있을 것입니다. 그러나 어떤 경우에서라도 이 한 가지를 잊지 않기를 바랍니다. '내가 주님을 사랑합니다. 내가 주님을 바라보겠습니다. 내가 주님의 말씀을 기다리겠습니다. 순종하겠습니다.' 이 마음을 지킨다면 충분합니다.

그 다음에는 무엇이든지 해도 괜찮습니다. 가정주부입니까? 학생입니까? 직장인입니까? 기업체를 이끌고 있습니까? 어떤 곳에 있든지 상관없습니다. 내가 하나님과 예수님을 사랑하고, 예수님의 말씀을 붙잡기를 원한다면 무슨 일이든지 하십시오. 기쁨으로 즐거움으로 하십시오. 넘어질 수 있지만 또다시 일어설 수 있습니다.

모든 질병이 다 무서운 것은 아닙니다. 회복할 수 있다면 뭐가 무섭겠습니까? 회복이 되지 않으니 무서운 것입니다. 우리 주님은 우리를 사랑하십니다. 그래서 우리를 회복시켜주십니다. 아니, 이 땅에서의 호흡은 끝날지라도 영원한 생명의 약속을 주셨기에 우리는 이 땅에서 살 동안 주어진 것을 사랑하고 기뻐하면서 하나님을 바라보며 나아갈 수 있는 것입니다. 그리고 그것이 바로 하나님이 기뻐하시는 삶입니다.

두려워하거나 주저하지 마십시오. 내가 정말 예수님을 사랑한다면, 염려할 필요가 없습니다. 주님께서 우리를 일으키시고 다시 회복시키실 것이기 때문입니다. 그러니 우리는 다만 '내가 정말 예수님을 사랑하고 있는지' 그 사실만을 확인합시다. 사랑을 확인하면서 하루하루 주님과 함께 담대히 걸어가는 것입니다.

3부

새벽은 멀지 않았다

요한복음 1:35-42

35 또 이튿날 요한이 자기 제자 중 두 사람과 함께 섰다가
36 예수께서 거니심을 보고 말하되 보라 하나님의 어린 양이로다
37 두 제자가 그의 말을 듣고 예수를 따르거늘
38 예수께서 돌이켜 그 따르는 것을 보시고 물어 이르시되 무엇을 구
   하느냐 이르되 랍비여 어디 계시오니이까 하니 (랍비는 번역하면
   선생이라)
39 예수께서 이르시되 와서 보라 그러므로 그들이 가서 계신 데를 보
   고 그 날 함께 거하니 때가 열 시쯤 되었더라
40 요한의 말을 듣고 예수를 따르는 두 사람 중의 하나는 시몬 베드로
   의 형제 안드레라
41 그가 먼저 자기의 형제 시몬을 찾아 말하되 우리가 메시아를 만났
   다 하고 (메시아는 번역하면 그리스도라)
42 데리고 예수께로 오니 예수께서 보시고 이르시되 네가 요한의 아
   들 시몬이니 장차 게바라 하리라 하시니라 (게바는 번역하면 베드
   로라)

네 이웃의
마중물이 되라

마중물의 힘

예수님의 열두 제자 가운데 가장 먼저 부르심을 받은 사람은 안드레와 베드로입니다. 둘은 형제였습니다. 두 사람 중에 누가 형이고 동생인지는 분명하지 않지만, 안드레가 동생일 것이라는 얘기가 많습니다. 고향은 갈릴리 바다 바로 북쪽에 있는 벳새다라는 작은 마을입니다. 그들은 거기에서 태어나 갈릴리 바다를 보며 자라났고, 물고기를 잡으며 생활했습니다.

둘은 형제지만 성격이 달랐습니다. 베드로는 화끈하고 다혈질적이며 자기 생각과 의견을 잘 표현했습니다. 반면 안드레는 자신의 열정을 겉으로 드러내지 않는 사람이었습니다. 이런 안드레를 보면서 '마중물'이 떠올랐습니다.

마중이라는 게 무엇입니까? 손님이 오면 나가서 맞이하는 것입니다. 마중물도 비슷합니다. 물은 물인데 마중하는 물입니다. 옛날 수돗물이 귀할 때는 집집마다 마치 우물처럼 땅 속에 파이프를 집어넣어 펌프질을 하며 물을 뽑아냈습니다. 이때 새로운 물을 끌어올리기 위해서 가장 먼저 필요한 것이 있었는데 바로 한 바가지 정도의 물입니다. 이것이 마중물입니다. 그것을 넣고 펌프질을 하면 깊은 곳에 있던 새로운 물이 콸콸 쏟아져 나옵니다.

고작 한 바가지 정도의 적은 양에 불과하지만, 그것이 있어야 많은 물이 쏟아집니다. 그래야 밥도 짓고 빨래도 하고 몸도 닦을 수 있었습니다. 마중물은 이렇게 축복의 물입니다. 안드레가 바로 이 마중물 같은 사람이었습니다. 그를 통해서 다른 제자들이 예수님을 만나러 오게 되었습니다.

진리를 찾으려고 했던 안드레

안드레의 성격을 살펴보면 왜 그가 제자들의 마중물이 되었는지 알 수 있습니다. 그는 어떤 사람이었습니까? 안드레는 '구도자의 영성'을 지닌 사람이었습니다. 구도자란 '진리가 무엇일까, 생명이 무엇일까, 참 인생의 길이 어디에 있을까, 어떻게 하면 인생의 목표에 도달할 수 있을까?'라고 끊임없이 질문하고 고민하여 그 물음에 답을 찾아가는 사람입니다. 안드레에게는 옳고 바른 것에 대한 사모함과 열정이 내면 가득히 차 있었습니다.

그의 직업은 어부였습니다. 그물을 던져 하루 벌어 하루 먹고 사는 사람이었습니다. 구도자의 영성을 가진 그에게는 쉽지 않은 직업입니다. 그렇지만 그에게는 반드시 풀어야 할 물음이 있었습니다. 어부 생활을 하다가 잠시 짬이라도 나게 되면, 그는 참된 것을 찾아 여기저기를 기웃거렸습니다. 진리를 알고 싶었습니다. 그도 다른 유대인들처럼 메시아를 기다렸고, 하나님 나라가 열리기를 진심으로 바랐습니다. 그러다 처음 만난 사람이 바로 세례 요한입니다. 그는 예수님을 만나기 전에 이미 세례 요한의 제자였습니다.

세례 요한을 스승으로 두고 그를 따르던 어느 날, 세례 요한이 한 낯선 젊은이를 보면서 이렇게 선포합니다. "보라 세상 죄를 지고 가는 하나님의 어린 양이로다"(요 1:29). 이 말이 안드레의 귀에

확 들어왔습니다. 비범한 스승의 말이 거짓 같지 않았습니다. 그가 그토록 기다리던 분이 나타난 것입니다. 그 순간 안드레는 세례 요한의 제자에서 예수님의 제자로 방향을 틀었습니다. 그러나 그것은 스승을 욕되게 하는 배반이나 반역이 아니었습니다. 아마 세례 요한도 바라던 바였을 것입니다.

그렇게 세례 요한의 제자였던 안드레가 예수님의 첫 번째 제자가 되었습니다. 형인 베드로보다 먼저 예수님을 뒤따랐습니다. 그래서 그는 초대교회로부터 '첫 번째 제자'라는 뜻의 프로토클레토스(protokletos)라는 이름을 얻었습니다.

호기심과 진리에 대한 열망으로 가득 차 있던 안드레에게 예수님이 물으셨습니다. "네가 구하는 것이 무엇이냐?" 그런데 안드레의 대답이 뜻밖입니다. "선생님이여, 어디 계십니까?" 그는 무엇을 구하느냐는 물음에 주님이 계시는 곳이 어디냐고 엉뚱하게 반문합니다. 안드레는 예수님이 세례 요한이 말한 대로 진짜 메시아라면 그분의 삶과 그분이 전하는 진리가 무엇인지 궁금했습니다. 그런 그에게 예수님이 말씀하십니다. "와서 보라"(come and see). 네가 정말로 궁금하다면 내게 와서 직접 네 눈으로 보라는 말씀입니다.

그때가 오후 4시였습니다. 그는 그 다음날까지 예수님과 함께 있었던 것 같습니다. 그는 세례 요한이 했던 말, "보라 세상 죄를 지고 가는 하나님의 어린 양이로다"에 대한 깨달음을 얻었을 것입니다. 자신이 메시아를 보았다는 분명한 확신이 생겼습니다.

구도자들에게는 가끔 문제가 있습니다. 질문만 많을 뿐 행동으로 이어지지 않습니다. 고민은 하지만 삶으로 풀지를 못합니다. 이른 바 '앉은뱅이 구도자들'입니다. 질문하고 생각하는 것도 중요하지만 여기서 그친다면 영적인 장애인일 뿐입니다.

우리 그리스도인들에게도 그런 면이 있지 않습니까? 질문거리는 많지만 정작 예수님에게 가까이 가지 않고 일정 거리를 유지합니다. 우리는 도를 찾는 구도자가 아니라 이미 예수님을 찾은 사람이고 예수님을 섬기는 사람입니다. 그럼에도 불구하고 구도자보다 못할 때도 있습니다. 말씀을 읽지 않습니다. 실천하려 하지 않습니다. 예수님의 이름으로 행하려고 하지 않습니다. 예수님을 그저 먼발치에서 바라보며 믿으려고 합니다. 그래서 순종하지 않습니다. 헌신하지 않습니다. 그렇다고 예수님에게서 떠나려는 것도 아닙니다. 소위 지성적인 그리스도인이라는 사람들에게 이런 면이 더욱 많습니다.

계속 이러다가는 작은 믿음조차 사라질 수 있습니다. "와서 보라."라고 말씀하신 그 예수님께 가까이 가서 말씀을 듣고 순종해야 합니다. 바로 그럴 때 그분의 인격과 내 인격이 부딪힙니다. 인격적인 만남이 일어납니다. 이러한 만남 속에서 진정한 신앙의 기쁨을 누릴 수 있습니다.

우리가 허락하지 않는 한 예수님은 우리에게 더 가까이 오시지 못합니다. 예배드리고 기도하고 가끔 말씀도 보지만 신앙이 내 것이 되지 않는 이유가 여기에 있습니다. 그러면 남들의 신앙생활만 구경하는 것이지 나의 것이 안 됩니다. 어머니의 신앙, 아버지의 신앙, 친구의 신앙, 남편의 신앙, 아내의 신앙입니다. 이런 신앙처럼 지루한 것도 없습니다. 이렇게 되면 신앙은 나를 자유롭게 하는 것이 아니라 오히려 억압합니다.

안드레는 이를 넘어섰습니다. 예수님께 자기 전부를 맡김으로써 세례 요한의 신앙에서 안드레의 신앙이 만들어졌습니다. 예수님과 함께 말씀 속으로 깊이 들어갔습니다. 예수님을 만나 대화하면서 예수님의 인격을 배웠습니다.

어떤 사람이 전도하는가?

둘째로 안드레에게는 '전도자의 영성'이 있었습니다. 전도자 영성이란 오늘날로 말하면 네트워크를 확장할 수 있는 능력입니다. 그는 개방적이었습니다. 자기가 발견한 좋은 것을 다른 이들과 공유하길 원했습니다. 내 기쁨과 평안이 이웃의 기쁨과 평안이 되기를 원했습니다.

그가 먼저 자기의 형제 시몬을 찾아 말하되 우리가 메시아를 만났다 하고 (메시아는 번역하면 그리스도라) 데리고 예수께로 오니…… (요 1:41,42)

그래서 그는 자신이 보고, 듣고, 경험한 예수님을 많은 사람들에게 소개하고 싶었습니다. 그가 그토록 찾고 원했던 예수님을 만나자 곧장 자신의 형제 베드로에게 달려갔습니다.

사람들이 예수 그리스도를 믿으면 제일 먼저 누구를 위해 기도합니까? 내 아내를 위해서, 내 남편을 위해서 기도합니다. 내 부모님과 내가 가장 소중하게 여기는 사람을 위해서 기도합니다. 이렇게 가장 가까운 사람을 위하게 됩니다. 안드레도 그랬습니다. 그가 가장 귀히 여기는 형제, 베드로에게 가장 귀한 분을 제일 먼저 소개했습니다.

전도는 어떤 사람이 할 수 있습니까? 첫째로 예수님을 믿는 게 좋은 사람입니다. 예수님을 믿으면서 마음으로는 기쁘지 않다면 어떻게 다른 사람에게 예수님을 증거할 수 있겠습니까? 예수님을 믿지만 늘 마음이 괴롭고 허전하다면 어떻게 전도하게 되겠습니까? 내 안에 들어와 계신 예수님의 소중함을 알아야 전도가 시작됩니다. 예수님과 함께하는 것이 즐거워야 전도를 합니다.

둘째로 한 영혼을 불쌍히 여기고 긍휼히 여기는 사람입니다.

'하나님, 저 사람도 주님의 아들, 딸이 되기를 원합니다. 제가 받은 축복을 저 사람도 받았으면 좋겠습니다.'라는 마음이 있어야 전도할 수 있습니다.

안드레가 그랬습니다. 그는 참으로 전도자의 영성을 지닌 사람이었습니다. 요한복음 12장을 보면 이런 장면이 나옵니다. 헬라 사람들이 예수님의 소문을 듣고 예수님 앞에 나왔습니다. 예수님 앞에는 제자들이 진을 치고 있었습니다. 하지만 제자들은 쭈뼛쭈뼛 망설입니다. '예수님에게 이 이방 사람들을 소개해야 될까?' 그런데 그때 안드레가 나섭니다. 그는 헬라 사람들을 예수님에게로 데리고 갑니다. 무슨 마음에서 그랬을까요? 예수님을 신뢰했기 때문입니다. 그 다음은 예수님께서 알아서 하실 것이라 믿었기 때문입니다. 그리고 예수님이 자랑스러웠기 때문입니다. 이방인들이 예수님을 만나면 어떤 모습으로 바뀔까 하는 기대도 있었습니다. 그래서 이방인들을 예수님께로 초청합니다.

전도자가 즐거워야 전도도 되는 것이지만, 사람들에게 나를 보고 예수님을 믿으라고 할 수는 없습니다. 내 속에 있는 예수님, 나를 사랑하신 예수님, 그분을 바라보며 그 예수님을 믿도록 초청해야 합니다. 안드레는 자기가 가진 것들, 자기의 즐거움을 보여준 것만이 아닙니다. 그는 자신보다 더 소중한 예수님에게로 사람들을 초청했습니다. 그에게는 진정한 전도자의 마음이 있었습니다.

셋째로 안드레는 예수님께 맡기는 사람이었습니다. 요한복음 6장에 있는 오병이어 본문에도 안드레가 등장합니다. 수많은 사람들이 예수님의 말씀을 듣고자 예수를 좇았습니다. 수를 헤아리기 어려울 만큼 많은 사람들이 예수님을 따라다녔습니다. 그러다보니 식사 시간이 됐는지도 몰랐습니다. 예수님도 몰려든 사람들도 점차 허기를 느끼기 시작했습니다. 하지만 그곳에는 그 많은 사람들을 먹일 음식이 없었습니다. 예수님이 제자들에게 물으십니다. "어떻게 저들에게 음식을 줄 수 있을까?"

성인 남자만 오천여 명입니다. 이들을 먹이려면 이백 데나리온이 필요합니다. 당시 일 데나리온이 하루치 임금이니까 오늘날로 환산해보면 약 이천만 원 이상 되는 어마어마한 금액입니다. 제자들은 아마 이렇게 생각했을 것입니다. '우리가 어떻게 이렇게 큰돈을 감당할 수 있겠어? 이건 도저히 불가능해!'

바로 그때 안드레가 등장합니다. 안드레는 군중 속을 여기저기 기웃거렸습니다. 그러다 작은 도시락 하나를 들고 있는 소년을 발견했습니다. 그 안에는 보리떡 다섯 개와 물고기 두 마리뿐이었습니다. 보잘것없는 음식입니다. 그러나 도시락을 든 소년의 손을 잡고 안드레가 예수님 앞으로 나아갑니다. 바로 그때 새로운 역사가 일어났습니다.

안드레에게는 두 가지 마음이 있었습니다. 기대감과 함께 의심하는 마음입니다. 안드레가 믿음과 의심 사이에서 오락가락 했을지라도 결국 그는 믿음을 행동으로 옮겼습니다.

제자 중 하나 곧 시몬 베드로의 형제 안드레가 예수께 여짜오되 여기 한 아이가 있어 보리떡 다섯 개와 물고기 두 마리를 가지고 있나이다 그러나 그것이 이 많은 사람에게 얼마나 되겠사옵나이까 (요 6:8,9)

도시락 하나를 주님 앞에 가지고 나오긴 했지만 "이것이 이 많은 사람에게 얼마나 되겠습니까?"라고 묻습니다. 예수님의 능력을 믿었지만, 이것 가지고 무슨 일이 일어날 수 있겠냐고 의심한 것입니다.

우리가 성경을 읽고, 또 하나님 말씀대로 순종하려고 해도 현실을 보면 불가능한 게 너무 많아 보입니다. '내가 과연 감당할 수 있을까? 내가 가진 것은 너무나 작지 않은가?' 이런 의심과 두려움을 떨치는 것이 어렵습니다.

신앙생활을 하는 데는 어려움이 따릅니다. 그래서 우리는 머릿속으로 상황을 재고 마음으로 의심하며 다시 한 번 질문합니다.

'이게 정말 될까? 이 많은 사람에게 이게 합당할까?' 목사인 저도 마찬가지입니다. '하나님, 이것을 정말 할 수 있을까요? 이것이 과연 될까요? 너무나 많은 장벽이 있습니다. 어떻게 해야 될까요?' 하는 마음이 들 때가 있습니다.

하지만 억지로 의심을 버리려는 노력은 하지 않아도 됩니다. 믿음이란 의심이 없는 게 아니라, 의심하더라도 신뢰가 더 크다는 뜻이기 때문입니다. 나의 신앙심을 100이라고 했을 때 의심이 49퍼센트라 할지라도 믿음이 51퍼센트면 됩니다. 믿음이 자란다는 것은, 여기서 믿음의 비율을 조금씩 늘려가는 것입니다. 1퍼센트라도 조금씩 믿음의 비율을 늘려가는 것입니다.

또 믿음이란 하나님께 맡기는 것입니다. 의심하면서도 맡기는 것입니다. 안드레가 찾아낸 것은 아주 작고 연약한 것이었습니다. 도무지 문제 해결이 불가능할 것처럼 보이는 것들조차 예수님 손에 맡겨지니 생명의 사건, 기적의 사건이 일어났습니다. 이처럼 믿음은 그럼에도 불구하고 역사를 만들어가는 것입니다.

하나님에 대해서도 불쑥 의심이 생길 때가 있습니다. 하지만 하나님은 인간과는 비교할 수 없는 분이고, 사랑 그 자체인 은혜로운 분입니다. 그분 안에서 우리에게 주어지는 믿음과 신뢰는 상상할 수 없이 큰 것입니다. 이것을 경험하게 되면 예수님을 믿는 것이 좋아집니다. 예수님을 믿는 것이 삶의 기쁨이 됩니다. 예수님이 소망이요, 기쁨이요, 능력이요, 평안인 것을 선포하게 됩니다. 이것이 예수님을 믿는 자에게 주어지는 축복입니다.

그런데 믿음이 자라지 않는 사람들의 특징은 질문과 생각만 많고, 더 깊이 들어가지 않으려고 하는 것입니다. 믿음이 진짜로 성장하는 것을 경험하려면 주님의 말씀대로 순종해봐야 합니다. 그러면 분명 오병이어와 같은 기적을 체험하게 됩니다.

이런 축복은 나뿐 아니라 주변 사람들에게도 전달됩니다. 당시 안드레와 접촉한 사람과 사물이 모두 복을 받기 시작했습니다. 안드레가 그 사람과 사물을 예수님에게로 데려왔기 때문입니다. 예수님께 맡기고 그 능력을 믿었기 때문입니다.

예수님만이 진정한 일인자

안드레가 마중물 같은 사람이 될 수 있었던 마지막 이유는 그에게는 최고가 되어야 한다는 의식이 없었기 때문입니다. 안드레는 예수님의 첫 번째 제자였지만 성경을 보면 베드로에 관한 기록이 늘 먼저 나옵니다. 제일 먼저 예수님을 알았지만 그것으로 인해 다른 제자들에게 인정과 대우를 받으려고 하지 않았습니다. 그는 오히려 이름 없는 자리에 앉기를 좋아했습니다. 안드레는 다른 제자들과의 비교가 아닌, 그저 예수님만을 바라보는 것으로 만족한 사람입니다.

우리가 살고 있는 세상은 일인자를 알아줍니다. 부모는 자식에게 "1등 좀 해 봐라. 그러면 내가 소원이 없겠다."라는 말을 자주 합니다. 애당초 1등이 될 수 있는 사람은 단 한 명인데, 누구나 1등을 하려고 합니다. 여기서 문제가 생깁니다. 그러나 안드레는 처음부터 누가 일인자인지 잘 알고 있었습니다. 형제 베드로도 교회의 수장이었던 야고보가 아니라 오직 예수 그리스도만이 유일한 일인자가 되심을 알았습니다. 그러기에 제자들 사이에서 우열을 가리는 것 자체가 그에게는 의미가 없었습니다.

또 세상에서 일인자가 되었다고 해도 그 자리가 평생 갈 수 있습니까? 언젠가는 그 끝이 옵니다. 하지만 우리 예수님은 언제까지나 진정한 일인자이자 모든 공동체의 주인이십니다. 우리 모두가 예수님 옆에 선 참모입니다. 그러기에 예수님을 모시는 우리는 지위와 상관없이 어디 있든 귀한 역사를 만들어낼 수 있습니다.

그러니 세상에서 나보다 더 잘나가는 사람들은 칭찬하십시오. 나보다 힘들고 어려운 상황 가운데 있는 사람들은 격려하고 끌어안으십시오. 그러면 어느 순간엔가 고작 한 바가지 정도의 마중물과 같은 우리를 통해서 생명의 역사가 일어날 것입니다. 그것이 예수님이 우리를 통해 원하시는 일이며, 하나님이 주신 축복입니다. 이제는 우리가 안드레가 될 차례입니다.

누가복음 10:38-42

38 그들이 길 갈 때에 예수께서 한 마을에 들어가시매 마르다라 이름
하는 한 여자가 자기 집으로 영접하더라

39 그에게 마리아라 하는 동생이 있어 주의 발치에 앉아 그의 말씀을
듣더니

40 마르다는 준비하는 일이 많아 마음이 분주한지라 예수께 나아가
이르되 주여 내 동생이 나 혼자 일하게 두는 것을 생각하지 아니하
시나이까 그를 명하사 나를 도와 주라 하소서

41 주께서 대답하여 이르시되 마르다야 마르다야 네가 많은 일로 염
려하고 근심하나

42 몇 가지만 하든지 혹은 한 가지만이라도 족하니라 마리아는 이 좋
은 편을 택하였으니 빼앗기지 아니하리라 하시니라

마르다와 마리아

좋은 것 한 가지만 택하라

밀고 당기기는 연애에만 필요한 게 아니다

소년 다윗이 거대한 골리앗 장군을 물리쳤던 이야기를 우리는 익히 알고 있습니다. 그 승리의 비결은 조그마한 물맷돌 하나였습니다. 다윗이 살던 당시에는 목동들과 군인들이 이 물맷돌을 전투 혹은 방어용으로 사용했다고 기록되어 있습니다. '물매'란 작은 돌멩이를 멀리 던져 목표물을 맞출 수 있도록 가죽이나 천으로 만든 기구로, 줄 한쪽을 손목에 고정시킨 채 물매 가운데에 돌멩이를 넣어

돌리다가 손을 놓아 던지는 도구입니다. 그러면 구심력과 원심력에 의해서 돌이 힘을 얻어 앞을 향해 나아가게 되어 있습니다.

구심력은 중심을 향해 수렴하는 힘이고, 원심력은 밖을 향하는 힘입니다. 어릴 때 훌라후프를 돌려본 경험이 있으실 겁니다. 처음에는 한두 바퀴 돌다가 금방 떨어집니다. 그런데 몸을 중심으로 해서 구심력과 원심력의 원리를 이용하게 되면, 수십 수백 번도 돌릴 수 있습니다.

이 구심력과 원심력은 비단 물체에만 해당되는 원리가 아닙니다. 인간관계에도 필요한 역학입니다. 연애할 때 필요한 것 중 하나가 때로는 밀어낼 줄도 알고, 때로는 끌어당길 줄도 알아야 한다는 '밀당'인데, 이는 곧 구심력과 원심력을 잘 활용하라는 것입니다. 그래야 인간관계에 적당한 긴장도 생기고 관계가 밋밋하지 않고 역동적이게 됩니다. 서로 간에 관심과 호기심이 이런 데서 생겨납니다.

이것은 각 사람의 정신과 마음 안에서도 일어납니다. 뭔가 도전해보려는 마음이 원심력이라면, 그 도전 과제들 중에서 이것은 된다, 안 된다 하며 조절하고 끌어당기는 마음이 구심력입니다. 두 힘이 조화를 이루는 사람을 우리는 건강한 사람이라 부를 수 있습니다. 그런 점에서, 우리의 삶은 거대한 하나의 '원운동'이라고 할 수 있습니다.

삶의 조화를 찾아라

누가복음에는 이 힘의 원리를 잘 보여주는 두 인물이 나옵니다. 한 사람은 마르다고 다른 한 사람은 마리아입니다. 마르다는 원심력을 대표합니다. 그녀는 적극적이고 외향적이며 부지런합니다. 무엇에 든지 열심과 열정으로 발 벗고 나서는 여인이었습니다. 반면에 마리아는 내면적입니다. 조용하고 수동적입니다. 하지만 무언가에 집중할 줄 알고, 기다릴 줄 아는 구심력 있는 여인입니다.

이 두 여인에게는 공통점이 있습니다. 모두 예수님을 만났다는 것과 그것으로 인해 인생이 변화되었다는 것입니다. 삶에 목표가 생기고 사랑이 생겼습니다. 예수님을 사랑하게 되었습니다.

이 두 자매는 서로 다른 인물이지만, 우리 내면에 숨겨진 두 가지 모습이기도 합니다. 적극적인 마음으로 무언가에 도전하고 싶고, 부딪쳐보고 싶은 마르다의 성향과, '이건 안 돼, 여기서 멈춰야 해.' 하며 마음을 잡고 한 가지에 집중하게 하는 마리아의 성향이 우리 모두에게 있습니다. 원심력과 구심력 모두가 우리 안에서 작용한다는 이야기입니다. 자라온 환경에 따라서, 또 때에 따라서 어떤 모습을 더 발휘하느냐의 차이가 있을 뿐, 우리 안에는 두 가지 성향이 다 있습니다.

어느 날 마르다가 집으로 예수님과 제자들을 초대했습니다.

손님의 수만 해도 스무 명은 넘었을 것입니다. 베풀기 좋아하는 마르다는 자기 집에 온 손님들이 무척 기뻤습니다. 하지만 해야 할 일은 아주 많아졌습니다. '어떻게 하면 예수님과 그 무리들을 잘 대접할 수 있을까?' 마르다는 고민했습니다.

하인들이 돕고는 있어도 일손이 너무 부족합니다. 그럴수록 마르다의 마음이 분주해졌습니다. 아무리 선한 일을 하더라도 일이 계속 쌓이면 마음이 흔들립니다. 갑자기 피곤과 고단함이 엄습합니다. 아마 마르다의 마음 상태가 딱 그랬던 것 같습니다. 한참 일하고 있는데 옆을 보니, 동생 마리아가 없습니다. 그래서 그녀가 어디 갔나 하고 찾았더니 예수님 곁에서 말씀을 듣고 있습니다. 그 장면을 본 마르다는 순간 화가 났습니다. 괘씸하게 느껴졌습니다. 일이 많아 피곤해 죽을 지경인데, 한가로이 예수님의 말씀을 듣고 있는 동생을 보니 더 피곤이 몰려오는 것 같았습니다.

우리가 일상적으로 자주 쓰는 말 중에 하나가 "피곤하다."인데 이 말은 조심해서 써야 합니다. 피곤함과 고단함을 느낄 때, '내가 이것을 어떻게 이겨낼까?' 하고 생각해야 합니다. 쉴 때와 잠을 잘 때, 운동이 필요할 때를 알아채고 내 몸이 피곤을 이기기 위한 결정을 내려야 합니다. 그렇지 않고 그저 '피곤하다, 피곤하다.'라고 반복적으로 생각하고 이 말을 두 번, 세 번 내뱉기 시작하면 사탄이 우리 곁에 다가옵니다. "야, 너 피곤하지? 짜증나지?" 하고 우리를 부정적인 생각으로 몰고 갑니다. 그러면 점차 불평과 불만, 분노가 쌓여 남을 탓하게 됩니다. 바로 마르다가 그랬습니다.

자신은 이렇게 바쁘고 분주한데, 동생 마리아는 예수님 발치에 앉아서 말씀만 듣고 있었습니다. 마리아는 자신을 아예 신경도 쓰지 않고 있었습니다. 그 모습을 보고 있자니 이제 예수님에 대한 불편한 마음이 생깁니다. 예수님이 그런 마리아를 내버려두셨기 때문입니다. 결국 불평과 불만이 마르다의 입에서 쏟아졌습니다.

왜 실망과 분노가 찾아오는가?

마르다의 분노는 선한 일로부터 비롯되었습니다. 예수님이 너무나 반가워서 예수님을 자신의 집에 자원하여 초청한 일에서부터 시작된 것입니다. 어쩌면 동생의 허락을 받지 않았는지도 모릅니다. 어쨌든 그 시작은 기쁨이었고 감사였습니다. 그런데 막상 준비해야할 일이 많아지자 피곤이 몰려옵니다. 기쁨이 사라집니다. '내가 왜이걸 자원했지?' 하는 마음과 함께 분노가 치솟기 시작합니다.

교회를 섬겨본 사람이라면 누구나 이런 경험을 해보았을 것입니다. 그러므로 교회 일에 열심을 내는 분들은 늘 조심해야 합니다. 기쁜 마음으로 누가 시킨 것이 아니라 자원해서 시작한 것인데 어느 날 갑자기 피곤이 밀려옵니다. 그 마음 바탕에는 누군가 나를 알아주었으면 하는 마음이 있습니다. 하지만 아무도 나를 인정하고 칭찬해주지 않습니다. '왜 내가 이렇게 혼자 애써야 하지? 왜 나만 이렇게 수고해야 되지? 내게는 왜 보상이 없는 거지?'라고 생각하면서 착하고 선한 일로부터 비롯되었던 기쁨이 하나둘 사라지기 시작하는 것입니다.

마르다가 경험했던 분노의 또 다른 이유가 바로 이것이었습니다. '뭔가 불공정한 것 같아. 이렇게 열심히 일하고 있는 나를 왜 아무도 쳐다보지 않는 거야? 왜 나 혼자만 이렇게 땀 흘려야 해? 이제는 나도 좀 누릴 차례인데 왜 다른 사람이 내가 가져야 할 권리를 빼앗고 있는 거지?'

마르다의 혼란스런 마음은 사탄이 공격하기에 가장 좋은 상태입니다. 매우 분주하고 산만하며 흐트러졌습니다. 성경은 이러한 마르다의 마음 상태를 다음과 같이 표현합니다.

마르다는 준비하는 일이 많아 마음이 분주한지라 (눅 10:40)

"준비하는 일"을 뜻하는 구절의 헬라어 역본을 찾아보면 '디아코니아'라고 쓰여 있습니다. 예수님께서 그분의 사역을 이야기하시며 "인자가 온 것은 섬김을 받으려 함이 아니라 도리어 섬기려

하고……"^(막 10:45) 라고 말씀하셨을 때도 이 디아코니아의 동사형을 사용하셨습니다. 성경은 마르다의 사역이 분주해졌다고 합니다. 섬김과 봉사에 있어서 평정심을 잃어버렸다는 것입니다. 이런 상태가 지속되면 위험해집니다. 섬김이 귀찮아지고, 섬김 때문에 몸과 마음이 지칠 수 있습니다. 처음에는 많은 일을 직접 주도했는데, 나중에는 일에 끌려 다니고 맙니다.

일, 사역, 봉사 등을 멋지게 열심히 하는 분들이 늘 확인해야 할 것이 있습니다. '지금 내 마음은 분주한 상태인가?' 하는 것입니다. 마음이 분주해지는 순간, 일중독에 빠집니다. 그렇다면 영락없이 일에 끌려가게 되어 있습니다. 그 상태가 지속되면 어느 순간에는 쳇바퀴가 도는 듯한 지루함과 허무함이 오게 됩니다. 근심이 다가오고 염려와 실망이 몰려옵니다. '왜 나 혼자 이렇게 애를 쓰고 있지?'라는 자기 연민이 스스로를 붙잡기 시작합니다. '나를 이렇게 힘들게 하는 것이 도대체 뭘까?' 하고 고민하게 됩니다.

마르다도 그랬습니다. '마리아는 둘째 치고 예수님마저 내 심정을 이해하지 못하고 계신 건가? 나를 이렇게 방치해두시는 건가?' 답답함이 그녀를 사로잡았습니다.

이때 마르다가 어떻게 했을까요? 그녀는 자기 마음을 억누르지 않고 예수님을 찾아가 말했습니다. 마르다의 이런 반응은 그녀가 참 건강한 마음의 소유자였다는 것을 알려줍니다.

……예수께 나아가 이르되 주여 내 동생이 나 혼자 일하게 두는 것을 생각하지 아니하시나이까 그를 명하사 나를 도와주라 하소서 (눅 10:40)

마르다가 마리아에게 직접 이야기하지 않고 예수님께 요청한 데에는 예수님에 대한 원망이 묻어 있습니다.

답답한 마음을 하나님께 토해내라

교회 일에 충성을 할 때도 이렇게 마음이 상할 때가 있습니다. 그런데 이때 중요한 것은 그것을 혼자 마음속에 담아두지 않는 것입니다. 직장에서도, 교회에서도 유난히 힘든 시기가 찾아올 때가 있습니다. 그때 이런 일을 토로할 친구가 필요합니다. 말이라도 해서 풀어야 합니다. 좋은 친구는 내가 화를 낼 때 받아줄 수 있는 친구입니다. 가정에서는 배우자가 그런 역할을 해줄 수 있을 것입니다.

그런데 그것도 한두 번이지, 계속 사람들한테 불평만 쏟아내면 사랑하는 사람들도 지치기 마련입니다. 그렇다고 화를 혼자 쌓아두면 마음에 병이 생깁니다. 그렇다면 누구한테 토해내야 할까요? 하나님께 토해내야 합니다.

하나님께 불평하는 것은 괜찮습니다. 하나님을 원망하셔도 됩니다. 어떤 사람들은 기도를 너무 점잖게만 합니다. 혹은 '하나님을 원망하고 불평했다고 나한테 화를 쏟으시면 어떻게 하지?' 하는 두려움 때문에 하나님께 솔직한 마음을 토로하지 못합니다. 하지만 시편을 보십시오. 하나님을 원망하고 불평하는 글이 얼마나 많습니까? 신앙심을 갖고 하나님 앞에 불평하는 순간, 그것이 기도가 되었습니다. 하나님을 원망하면서 내 속마음을 아뢰는 순간, 그것이 간구가 되는 것입니다.

작년 우리 사회에 화제가 되었던 〈미생〉이라는 드라마가 있습니다. '미생'(未生)은 바둑 용어로, '아직 완전하게 살아 있지 않은 상태.'라는 뜻입니다. 어렸을 적부터 바둑을 두었지만 프로 기사가 되지 못한 한 젊은이가 회사에 입사하면서 겪게 되는 이야기를 그린 이 드라마는 상사와의 갈등, 동료 간의 경쟁, 성과에 대한 압박 등을 현실적으로 그려 많은 사람들의 공감을 얻었습니다.

우리 예수 믿는 사람들이라고 다를까요? 우리도 똑같이 힘든 직장 생활과 각자의 삶의 문제로 고통을 받고 있습니다. 세상 사람들은 고통을 잊기 위해 술을 마시거나 쾌락을 추구하는 방법을 택합니다. 이런 것들이 잠깐의 쉼을 주는 것 같을지는 모르지만 다음 날이 되면 그 평안은 허상이었음을 경험해본 사람들은 잘 알 것입니다. 그렇다면 우리는 어떻게 대처해야 합니까?

마르다는 자신의 아픔과 분주함, 화남, 이 모든 것들을 예수님께 토해냈습니다. "왜 이렇게 나 혼자만 분주해야 해요? 왜 내가 이런 불공평한 일을 겪어야 하나요?" 하고 예수님께 항의를 한 것입니다. 마르다는 토로해야 할 대상을 잘 선택했습니다. 자신의 아픔을 예수님께 이야기할 수 있다는 것은 큰 축복입니다. 혼자서는 해결하기 어렵기 때문입니다. 성경에는 근심과 걱정이 얼마나 우리를 아프게 하는지 이렇게 기록하고 있습니다.

근심이 사람의 마음에 있으면 그것으로 번뇌하게 되나 선한 말은 그것을 즐겁게 하느니라 (잠 12:25)

너희 중에 누가 염려하므로 그 키를 한 자라도 더할 수 있겠느냐 (마 6:27)

우리는 예수님께 우리의 염려와 불평과 답답함을 토해내야 합니다. 그랬을 때라야 비로소 예수님의 말씀이 들리는 것입니다. 예수님께 기도하지 않고 묻지 않으면, 예수님이 우리에게 대답하실 길이 없습니다. 신앙의 기쁨을 누리고 하나님과의 친밀한 관계를 맺으려고 한다면 예수님께 질문해야 합니다.

좋은 것 한 가지만 선택하라

마르다는 예수님께 물었습니다. "왜 저만 혼자 일하고 있는 것은 생각하지 아니하시나이까?" 그러자 예수님이 대답하셨습니다. "얘야, 네가 너무 분주하게 사는구나. 스스로 사서 고생하고 있구나." 그러고는 해결책을 주셨습니다. 이 해결책은 지금 우리에게도 아주 중요한 사실 하나를 일깨워줍니다.

> 몇 가지만 하든지 혹은 한 가지만이라도 족하니라 마리아는 이 좋은 편을 택하였으니 빼앗기지 아니하리라 (눅 10:42)

여기에는 중요한 세 가지 단어가 나옵니다. "한 가지만", "좋은 편", "택하였으니"입니다. 예수님은 한 가지만 선택하라고 말씀하십니다. 이것도 조금, 저것도 조금 그러다 보면 아무것도 제대로 할 수 없으니 '한 가지만이라도 만족한다.'는 마음을 가지라는 것입니다.

인생은 선택이라고 할 수 있습니다. 내가 지금 여기까지 오는데에는 수많은 선택들이 있었을 것입니다. 그때마다 결단하며 선택했습니다. 선택하지 않은 것도 선택이었습니다. 우리는 자녀들에게 뭐라고 가르칩니까? "네가 선택해라. 어떤 학교를 가서 무엇을 공부

할지, 어떤 기업에 들어갈지, 어떤 사람을 만나고 어떤 인생을 꾸릴지 선택해라." 나의 선택이 나를 만들어갑니다.

그리고 '좋은 편'을 택하라고 하십니다. 여기에서 처음에 말씀드렸던 구심력과 원심력의 역학 관계를 생각해볼 필요가 있습니다. 자전거 혹은 자동차 바퀴가 있습니다. 아무리 새것이라 해도 바퀴의 축이 약하면 굴러가지 않습니다. 무너집니다. 축이 그만큼 중요합니다. 원심력과 구심력이 작동하려면 축이 튼튼해야 합니다. 축, 가장 중요한 이것을 붙잡아야 그 다음을 이어갈 수 있다는 말입니다.

그 중심축이 무엇일까요? 예수님을 믿는 우리에게는 예수 그리스도가 축입니다. 왜 그분이 중심축이 되어야 할까요? 그분 안에 생명이 있고, 그분 안에 진리가 있고, 그분 안에 자유롭게 하는 능력과 평안과 영원한 세계와 하나님이 주신 지혜가 있기 때문입니다. 먼저 그 중심축을 구축한 뒤 다른 모든 것들을 하라는 것입니다. 마리아처럼 예수님 곁에 서서 하나님의 말씀을 들으며 인생을 열어가는 것이 삶에서 가장 중요함을 가르쳐주시는 것입니다.

삶이 녹록하지 않다는 것을 우리가 잘 알고 있지 않습니까? 얼마나 힘이 듭니까? 직장 생활, 가정 생활, 인간관계 등에서 얼마나 많은 문제가 있습니까? 그 중심에 예수 그리스도를 모셔드립시다. 그분이 중심에 계셔서 우리 인생의 축이 되실 때, 우리는 우리에게 맡겨진 일들을 조화롭게 해낼 수 있습니다.

예수님은 공생애 기간 동안 식사할 시간이 없을 정도로 바쁘셨습니다. 그러나 예수님이 가장 먼저 하신 일은 기도였습니다. 하나님과 대화하고, 하나님의 말씀을 듣는 것에서부터 인생의 모든 일을 출발하셨습니다. 그래서 힘들어도 기뻤고 여러 가지 분주한 상황 중에도 흔들림이 없으셨습니다.

우리 삶의 축이 무엇입니까? 우리는 선택과 집중을 제대로 하고 있습니까? 예수 그리스도가 우리 삶의 축이고, 우리 인생의 핵심이 되어야 합니다. 그러기에 우리가 주님의 말씀을 경청하는 것입니다. 기도가 필요합니다. 예수님을 사랑하는 마음이 내 안에 충만해야 세상에 나가서 그리스도인답게 살 수 있습니다.

예수 그리스도를 우리 안에 모시고 문제가 생길 때, 도무지 이해가 되지 않을 때, 예수님께 질문하십시오. "주님 어떻게 할까요? 뭐가 문제일까요?" 그러면 예수님께서 말씀하실 겁니다. "네가 선한 것, 가장 좋은 것 하나를 택했느냐? 만약 그렇다는 확신이 있다면 이제 그 길을 가거라."

요한복음 20:24-29

24 열두 제자 중의 하나로서 디두모라 불리는 도마는 예수께서 오셨
    을 때에 함께 있지 아니한지라

25 다른 제자들이 그에게 이르되 우리가 주를 보았노라 하니 도마가
    이르되 내가 그의 손의 못 자국을 보며 내 손가락을 그 못 자국에
    넣으며 내 손을 그 옆구리에 넣어보지 않고는 믿지 아니하겠노라
    하니라

26 여드레를 지나서 제자들이 다시 집 안에 있을 때에 도마도 함께 있
    고 문들이 닫혔는데 예수께서 오사 가운데 서서 이르시되 너희에
    게 평강이 있을지어다 하시고

27 도마에게 이르시되 네 손가락을 이리 내밀어 내 손을 보고 네 손을
    내밀어 내 옆구리에 넣어보라 그리하여 믿음 없는 자가 되지 말고
    믿는 자가 되라

28 도마가 대답하여 이르되 나의 주님이시요 나의 하나님이시니이다

29 예수께서 이르시되 너는 나를 본 고로 믿느냐 보지 못하고 믿는 자
    들은 복되도다 하시니라

154

도마

의심을 넘어
믿음으로

의심을 통해 견고해지는 믿음

기독교 베스트셀러 작가인 필립 얀시가 쓴《하나님, 당신께 실망했습니다》라는 책이 있습니다. 필립 얀시는 이 책을 통해 신앙인이 직면하는 위기와 아픔에 대해 이렇게 말합니다. "하나님에 대해 전혀 실망하지 않은 사람이 있다면 그는 분명 무신론자라고 생각한다. 무신론자는 하나님께 아무것도 기대하지 않기 때문에 아무것도 실망할 일이 없다. 그러나 하나님께 자신의 삶을 바친 사람은 본능적으로 그분께 뭔가를 기대한다. 그렇다면 그 기대가 잘못된 것인가?”

무신론자는 하나님께 기대도 실망도 하지 않습니다. 그러나 예수님을 믿는 사람은 하나님께 기도하며 요청합니다. 자신의 어려운 문제를 하나님께 토로하며 해결해주시길 간구합니다. 그러다 하나님을 의심하기도 하고 때로는 이해가 되지 않는 상황에 대해 하나님께 따져 묻고 항의하기도 합니다. 분노도 하고 원망하기도 합니다.

신앙생활을 하면서 의심에서 자유로운 사람은 없습니다. 아무리 신앙이 좋아 보이는 사람들도 그 마음속을 들여다보면 마찬가지입니다. 믿으며 의심하고, 또 의심하면서 믿는 것이 평범한 신앙인들의 모습니다. 의심이 지나치면 문제가 되지만, 의심 자체가 신앙의 또 다른 면이라고도 할 수 있습니다.

예수님을 따라다녔던 제자 중에도 의심의 사도가 있었습니다. ‘의심 많은 제자’라고 불렸던 도마입니다. 마태복음, 마가복음, 누가복음에는 도마의 이름만 거론되지만 요한복음에서는 도마의 이야기가 나옵니다. 그는 믿음과 신뢰의 양 극단을 오갔습니다. “우리도 주와 함께 죽으러 가자”(요 11:16)라고 말할 만큼 주님을 향한 확실한 믿음과 열망을 지닌 것 같다가도 주님께 의심 섞인 질문도 했습니다. “주여 주께서 어디로 가시는지 우리가 알지 못하거늘 그 길을 어찌 알겠사옵나이까”(요 14:5). 주님이 부활하셨다는 소식을 듣고서는 이런 반응을 보입니다. "내 손가락을 그 못 자국에 넣으며 내 손을 그 옆구리에 넣어보지 않고는 믿지 아니하겠노라"(요 20:25). 그는 주님이 이전에 수차례나 하셨던 말씀도 의심했고, 제자들의 증언도 의심했습니다. 우리는 이런 도마를 보면서 그가 우리처럼 평범한 사람이었음을 짐작할 수 있습니다. 그는 예수님의 뒤를 따르면서도 의심과 믿음이 교차했습니다.

하지만 그의 의심은 좀 특별합니다. 그의 의심은 말씀에 귀를 기울였기 때문에 생기는 의심이었습니다. 그는 예수님의 말씀을 수동적으로 듣지 않고 질문하고 적극적인 열심을 가지고 들었습니다. 그러다보니 이해가 되지 않는 부분도 생기고 회의도 생겼습니다.

우리도 그러지 않습니까? 공부를 하거나 책을 읽다가 언제 의심과 질문이 생길까요? 열심히 읽을 때입니다. 비판적으로 생각할 때입니다. 아무 생각 없이 앉아 있다가는 '이것은 무슨 뜻일까, 이대로 해도 되는 걸까?'라는 질문이 생길 리 없습니다. 의심을 품고 많은 질문을 던졌던 도마의 모습을 예수님은 나쁘게 보지 않으셨던 것 같습니다. 어떻게 그것을 알 수 있습니까? 예수님은 도마가 질문할 때마다 기꺼이 대답해주셨을 뿐 아니라 도마가 질문하지 않았다면 굳이 꺼내지 않았을 말씀까지도 덧붙여 주셨습니다. 그중에는 아주 중요한 말씀도 있습니다.

> 예수께서 이르시되 내가 곧 길이요 진리요 생명이니 나로 말미암지
> 않고는 아버지께로 올 자가 없느니라 (요 14:6)

예수님이 누구신가를 결정적으로 보여주는 말씀입니다. 이 말씀이 바로 도마의 질문 때문에 나왔습니다. 예수님이 십자가에서 고난을 받으시기 전 성만찬 자리에서 예수님은 걱정하는 제자들을 불러모으셨습니다. "너희는 마음에 근심하지 말라 하나님을 믿으니 또 나를 믿으라"(요 14:1)라고 하시며 믿음을 촉구하셨습니다. 그리고 이렇게 덧붙이셨습니다. "내가 너희를 위하여 거처를 예비하러 가노니"(요 14:2). 이 말에 제자들은 걱정 반, 기대 반이었습니다. 무슨 말인지 잘 모르겠다는 제자들도 있었을 것입니다. 그런데 갑자기 이때 도마가 질문합니다.

> 도마가 이르되 주여 주께서 어디로 가시는지 우리가 알지 못하거늘
> 그 길을 어찌 알겠사옵나이까 (요 14:5)

"주님, 도대체 어디 가서 예비하신다는 겁니까? 주님이 가신다는 그 길을 우리가 어떻게 갑니까? 우리가 도대체 뭘 알고 있습니까?" 도마는 궁금했습니다. 그러자 예수님이 다음과 같이 말씀하신 것입니다. "내가 이제 하나님 아버지께로 간다. 아버지 앞에 가는 그

길을 너희에게 보여주겠다. 내가 곧 길이다. 내가 곧 진리다. 내가 곧 생명이다. 나를 통해서 너희는 하나님 앞에 나아갈 수 있다.”

예수님을 믿는 우리에게도 질문이 중요합니다. 모르는 것을 의심하며 하나님 앞에 질문하는 것이 중요합니다. 혼자 공상하고 의심하란 말이 아닙니다. 의심이 생기면 성경을 읽으며 솔직하게 질문하라는 말입니다. 그래야 하나님께서 대답하십니다. 예수님은 질문을 할 준비도 하셨고, 또 질문을 받을 준비도 하시며 사람들을 만나셨던 것을 우리는 성경을 통해 알 수 있습니다.

좋은 의심과 나쁜 의심

예수님은 도마에게 또 다른 중요한 말씀을 하십니다. 부활하신 예수님이 도마를 만나 불신앙에 붙잡혀 있는 도마를 향해 믿음이 무엇인지를 가르쳐주신 것입니다.

> 예수께서 이르시되 너는 나를 본 고로 믿느냐 보지 못하고 믿는 자들은 복되도다 하시니라 (요 20:29)

부활하신 예수님이 제자들에게 나타나셨습니다. 제자들은 예수님을 보고 깜짝 놀라며 기뻐했습니다. 그리고 자신들이 부활하신 예수님을 만났다고 사람들에게 이야기했습니다. 그런데 그 자리에 도마가 없었습니다. 그래서 도마는 부활하신 예수님을 만났다는 제자들의 말을 도무지 믿을 수가 없었습니다. 다른 제자들의 마음은 기쁨과 평강으로 가득 찼는데, 도마는 그렇지 못했습니다. 오히려 의심과 시기심이 생겼습니다. '왜 나는 그런 기회를 놓쳤지. 나는 재수가 없는가봐……' 제자들이 기뻐하는 모습을 보면서 점점 화가 났습니다. '내가 예수님의 손에 난 못 자국을 만지고 옆구리에 직접 손을 넣어봐야 믿겠어!'

의심 자체는 나쁜 것이 아닙니다. 의심해야 할 때 의심해야 합니다. 그러나 의심이 해결되지 않고 지속되면 문제가 생깁니다. 마음의 장벽이 쌓여 폐쇄적인 사람이 됩니다.

의심에는 믿음을 추구하는 의심이 있고, 불신을 추구하는 의심이 있습니다. 더 믿기 위한, 더 잘 알기 위한, 더 깊이 깨닫기 위한 의심은 좋은 의심입니다. 그러나 믿지 않으려고 작정을 하고, 듣지 않겠다고 마음을 먹고 하는 의심은 나쁜 의심입니다. 이렇게 되면 정작 답은 못 찾고 의심에 의심만 더하게 될 뿐입니다. '나는 비판적인 정신을 가진 사람이야.' 하고 위로할 수는 있을지 몰라도 한 발자국도 앞으로 나아가지는 못합니다. 이를 '의심의 해석학'이라고 합니다.

그렇다면 의심의 해석학을 무엇으로 바꿔야 할까요? 바로 '신뢰의 해석학'입니다. 그래야 우리 삶이 복된 자리가 됩니다. 의심이 삶 속에서 지속되고 있다면, 스스로를 되돌아봐야 합니다. 가령 열등감에 시달리는 사람이 자존감에 상처를 입게 되면, 자기 신뢰를 상실하게 됩니다. 그러면 모든 것을 의심의 눈으로 보기 시작합니다. 모든 것이 질투의 대상이 됩니다. 불신만 키우게 됩니다.

열등감을 가진 의심이 커지기 시작하면, 대상에 따라서 문제가 얼마나 커지는지 모릅니다. 가정에서 배우자를 향해 의심의 해석학이 커지면 의처증, 의부증이 생깁니다. 그렇게 되면 완만한 부부 관계는 불가능하게 되고, 결국 가정이 파괴됩니다. 서로를 믿지 못하는 우리 사회는 어떻습니까? 문제가 생겼다 하면 서로에게 탓을 돌리며 책임을 전가합니다. 권력자가 국민에게 의심을 품기 시작하면 독재정치가 됩니다. 토치카를 쌓고 조금이라도 자신과 다른 생각을 가진 사람이 있으면 숙청하는 북한 사회를 보십시오. 의심의 해석학에 붙잡힌 자가 권력자가 되면 그 공동체는 망하는 것입니다. 국민과의 소통을 거부하고, 국민의 소리를 듣지 않는 권력자는 저절로 독재자가 될 수밖에 없습니다.

한 신문사에서 '국가대혁신'이라는 타이틀을 걸고 설문 조사를 실시 했습니다. 그중 서울 시내에 있는 중·고등학생들을 대상으로 한 '한 국 사회를 신뢰하는가?'라는 설문의 결과는 다음과 같습니다. '매우 신뢰한다'(2.3%), '신뢰하는 편이다'(10.1%), '보통이다'(25.6%), '불신 하는 편이다'(49.6%), '매우 불신한다(12.4%)'. 보통을 제외하고 불신 한다는 쪽이 62퍼센트이고 신뢰한다는 쪽이 12.4퍼센트입니다.

불신한다고 답한 사람들을 대상으로 가장 신뢰할 수 없는 집 단에 대해 물었더니 1위가 정치인, 2위가 검찰 및 경찰, 3위가 기업 인, 4위가 공무원으로 나왔습니다. 순서를 놓고 보니 소위 권력 있 는 사람들 순입니다.

국가별 사회적 신뢰도를 조사해보니 노르웨이가 1위, 미국이 9위, 일본이 23위, 한국이 66위에 머물렀습니다. 이것이 한국 사회 의 자화상입니다. 이 사회가 왜 이렇게 요란하고 곳곳에 갈등이 많 습니까? 의심만 할뿐 믿으려 하지 않기 때문입니다. 아무리 진실을 이야기해도 귀를 막습니다. 그러는 사이 이 사회는 병들어가고 있 습니다. 인간성이 메말라 가고 있습니다.

예수님이 이 땅에 오셔서 우리에게 가르쳐주신 것이 무엇입니 까? 믿으라는 것입니다. 곧 신뢰의 해석학입니다. 이를 통해 우리의 자존감을 높여주셨습니다. 언어의 자존감, 생각의 자존감, 인격의 자존감을 회복시켜주셨습니다. 믿음과 신뢰로 인간이 얼마나 소중한 존재인지를 가르쳐주신 것입니다. 이제 불신의 해석학, 의심의 해석학에서 신뢰의 해석학, 믿음의 해석학으로 바꿔나가야 합니다. 누가 그 일을 해야 합니까? 바로 예수님을 믿는 사람들, 하나님의 사람들이 해야 합니다.

진정한 믿음을 위해 예수님이 도마에게 다가가셨습니다. "도마야, 내 손바닥을 만져봐라. 내 옆구리를 만져봐라." 그리고 이렇게 덧붙이셨습니다.

……믿음 없는 자가 되지 말고 믿는 자가 되라 (요 20:27)

믿는 자가 되어야 합니다. 사람을 만날 때도 기본적으로 서로에게 신뢰를 주면서 시작해야 됩니다. 그렇지 않으면 인생을 살아갈 수 없습니다. 모두 다 나를 속이려는 사기꾼이라고 여기면 어떻게 인생을 살아갈 수 있겠습니까? 비록 또 속임을 당하는 일이 있다 하더라도, 사람과의 관계는 신뢰로 시작해야 합니다.

이 신뢰의 정점, 믿음의 정점에 누가 계십니까? 예수 그리스도가 계십니다. 하나님을 온전히 믿고 그분께 자신의 모든 것을 드린 예수 그리스도, 인간을 다시 믿고 사랑하신 예수 그리스도가 계십니다. 그래서 예수님은 말씀하실 수 있는 것입니다. "믿음 없는 자가 되지 말고 믿는 자가 되어라. 하나님을 믿어라." 그리고 마지막으로 도마에게 이렇게 말씀하셨습니다.

> ……너는 나를 본 고로 믿느냐 보지 못하고 믿는 자들은 복되도다 하시니라 (요 20:29)

"네가 보았기 때문에 나를 믿느냐? 도대체 네가 봐서 믿을 수 있는 것들이 세상에 얼마나 되느냐?" 예수님이 말씀하시는 것입니다.

약속으로 주어진 말씀을 읽고 믿는 것, 신앙의 선배들의 모습을 보면서 믿는 것, 그리고 내게 주신 말씀을 받아들이며 믿는 것. 이 믿음을 가지라는 것입니다. 예수님의 이러한 말씀에 도마의 입에서 놀라운 신앙의 고백이 흘러나오게 됩니다.

> ……나의 주님이시요 나의 하나님이시니이다 (요 20:28)

이후 도마는 예수님을 통해서 믿음의 사람으로 변화됩니다. 다른 사람의 주님이 아니라, "나의 주님 나의 하나님"이라고 개인적인 고백을 드릴 수 있게 승화된 것입니다.

진정한 믿음을 가지기 위해서는 말씀을 읽으며 지속적으로 고뇌하며 질문해야 합니다. 그리고 살아 계신 주님, 믿음의 정점에 계신 예수님을 만나야 합니다. 그래야 믿음이 얼마나 큰 축복이고 인생에 생명을 주는 하나님의 은혜가 얼마나 큰 것인지를 알게 됩니다.

의심의 해석학을 신뢰의 해석학으로 바꾼 사람이 할 수 있는 고백이 있습니다. 예수님이 나의 주님이시고, 나의 하나님이라는 고백입니다. "아브라함의 하나님, 이삭의 하나님, 야곱의 하나님, 나의 하나님이시여! 모세의 하나님, 다윗의 하나님, 엘리야의 하나님, 나의 하나님이시여! 베드로의 하나님, 바울의 하나님, 나의 하나님이시여! 주기철 목사의 하나님, 손양원 목사의 하나님, 나의 하나님이시여!"라고 기도할 수 있어야 합니다. 이 단계가 되면 믿음의 역사가 위대한 신앙 선배들의 전유물이 아닌, 나의 역사가 됩니다. 예수님과의 만남이 인격적인 만남이 되고, 내 믿음이 인격적인 믿음이 됩니다.

독일의 문호 괴테가 이런 말을 남겼습니다. "의심하지 않는다면 어찌 확신을 얻을 때에 기쁨이 있으랴." 혹시 우리에게 의심이 있습니까? 괜찮습니다. 우리에게 불신하는 마음이 있습니까? 괜찮습니다. 이런 시험을 통과한 견고한 믿음을 가질 때 진정한 마음으로 하나님을 찬양하고 감사할 수 있게 됩니다. "나의 하나님이시여, 나의 주님이시여, 내가 주님을 찬양합니다. 주님을 사랑합니다."라는 고백이 끊이지 않는 성숙한 신앙인이 될 수 있습니다.

누가복음 8:1-3

1 그 후에 예수께서 각 성과 마을에 두루 다니시며 하나님의 나라를
  선포하시며 그 복음을 전하실새 열두 제자가 함께하였고
2 또한 악귀를 쫓아내심과 병 고침을 받은 어떤 여자들 곧 일곱 귀신
  이 나간 자 막달라인이라 하는 마리아와
3 헤롯의 청지기 구사의 아내 요안나와 수산나와 다른 여러 여자가
  함께하여 자기들의 소유로 그들을 섬기더라

막달라 마리아

모든 것이
은혜다

은혜를 입은 여인

예수님 시대에 여성들의 지위는 우리가 상상하는 것보다 훨씬 낮았습니다. 여성에게는 율법에 접근할 수 있는 권리가 주어지지 않았는데 유대의 유명한 랍비는 "딸에게 토라를 가르치는 사람은 딸에게 방종을 가르치는 것."이라고 말하기도 했습니다. 그러다 보니 당시 랍비들은 남자들만을 제자로 두었습니다.

그런데 예수님은 달랐습니다. 이 갈릴리 나사렛 출신의 랍비는 남자들뿐 아니라 여자들도 제자로 삼았습니다. 여러 여자들이 예수님을 좇으며 그분의 말씀에 귀를 기울였습니다. 그중에 한 사람이 바로 '막달라 마리아'입니다. 베드로가 예수님의 남성 수제자였다면, 막달라 마리아는 예수님의 여성 수제자였습니다.

막달라는 성(姓)이 아니라 갈릴리 호수 북서쪽에 있던 지역 이름입니다. 주로 이방인들이 살던 마을입니다. 막달라 마리아라고 했던 이유는 아마도 마리아라는 이름이 당시에는 흔했기 때문에 출신 지역을 앞에 붙여 다른 마리아와 구별하려 했던 것으로 보입니다.

예수님을 만나기 전 그녀는 스스로를 버려진 존재라고 여겼습니다. 남자들에게 더러운 여인이라고 낙인찍힌 사람이었고 자기 정체성도 분명하지 못했습니다. 사회, 종교적으로도 죄인 취급을 받던 여인이었습니다. 이런 추론이 가능한 것은 바로 성경이 마리아를 '일곱 귀신 들린 여인'이라고 소개하고 있기 때문입니다.

또한 악귀를 쫓아내심과 병 고침을 받은 어떤 여자들 곧 일곱 귀신
이 나간 자 막달라인이라 하는 마리아와 (눅 8:2)

성경에서 일곱은 완전수입니다. 그냥 귀신이 들린 것이 아니라 일곱 귀신이 들렸다는 말은, 완전하게 귀신 들렸다는 말입니다. 육체적인 뒤틀림과 정신적인 발작도 있었던 것으로 추측됩니다.

마가복음 5장에는 귀신 들린 거라사인의 이야기가 나옵니다. 그의 모습을 성경은 아주 기가 막히게 표현하고 있습니다. 그는 죽음과 가까운 곳인 무덤 사이에 살았습니다. 자기 이름도 몰랐고, 자해하기도 했습니다. 허공을 향해서 원망 섞인 말을 쏟아놓기도 했고, 갑자기 소리를 버럭버럭 지르기도 했습니다.

일곱 귀신 들린 여인 막달라 마리아도 비슷한 증상이 있었을 것입니다. 자신을 제어할 수 없자 인간으로서 느끼는 수치와 절망감은 이루 말할 수 없었을 것입니다. '나는 더 이상 가망이 없어. 나는 살 가치가 없어. 나에게는 죽는 일밖에 남지 않았어.' 인생의 어둠이 그녀에게 드리워졌습니다. 그녀는 달리 희망을 찾을 수 없었습니다. 사람들도 그녀를 삐딱하게 봤습니다. 무슨 죄를 지었기에 저 지경이 되었냐고 손가락질했습니다. 그녀의 근처에 가는 것조차 싫어했습니다.

그런데 예기치도 못했던 일이 일어났습니다. 그녀에게 예수님이 찾아오신 것입니다. 그러자 모든 것이 바뀌었습니다. 어둠이 걷혔습니다. 병든 몸이 깨끗하게 되었고 정신도 온전하게 되었습니다. 새로운 인생이 시작되었습니다. 예수 그리스도의 은혜가 진정한 그녀의 모습을 찾게 했습니다.

그래서 그녀는 전 인생을 걸고 예수님을 따르기로 작정하였습니다. 예수님을 따를 수밖에 없는, 예수님을 사랑하는 여인이 되었습니다. 예수님의 은혜로 그녀는 일곱 귀신 들린 여자에서 성경에 등장하는 귀한 이름, 막달라 마리아가 되었습니다. 자신의 이름을 되찾았습니다. 예수님을 통해 영광스러운 하나님의 빛이 여인에게 비친 것입니다. 이것이 막달라 마리아에게 임한 하나님의 은혜이자 사랑의 역사였습니다.

악습을 깨뜨리시는 예수님

놀랍게도 예수님은 어둠에 갇힌 자를 맞아주셨습니다. 과거의 그늘이 예수님 앞에 나오는 데에 전혀 지장이 되지 않았습니다. 음울하고 통탄할 만한 기억이 문제되지 않았습니다. 옛 모습이 어떠하든지 누구든 예수님의 제자가 되어 축복의 길을 갔습니다. 내가 지금까지 어떻게 살아 왔든지, 나에게 드리웠던 추악한 그림자가 무엇이든지, 예수님을 만나면 새로워질 수 있었습니다.

　기독교 신앙이 다른 모든 종교와 확실히 구별되는 한 가지는 바로 '은혜'라는 것입니다. 은혜란 하나님의 선물입니다. 나의 나 된 것이 하나님의 축복입니다. 내가 잘나서, 일을 많이 해서, 하나님 앞에 내세울 일이 많아서 하나님이 나를 택하신 것이 아니라는 말입니다. 하나님은 내가 죄인인 것을 아시고도 택하셔서 하나님의 아들과 딸로 삼으셨습니다. 이 은혜는 다른 어떤 종교에서도 발견할 수 없는 복음 중에 복음입니다. 이 은혜를 가장 실감나게 체험한 여인이 바로 막달라 마리아 아닙니까?

물론 예수님 곁에 있었던 모든 사람이 그 은혜를 체험한 사람들입니다. 성경에는 막달라 마리아 외에도 다른 여인들의 이름이 등장합니다.

> 헤롯의 청지기 구사의 아내 요안나와 수산나와 다른 여러 여자가 함께하여 자기들의 소유로 그들을 섬기더라 (눅 8:3)

아마도 귀신이 들렸거나 다른 질병으로 인생 자체가 흔들리던 여인들이 또 있었던 것 같습니다. 게다가 그들은 여성이라는 이유만으로도 차별받고 소외되었던 사람들입니다. 하지만 예수님은 이 여인들을 존중해주셨습니다. 그들을 고치셨고, 그들을 높여주셨습니다. 그러니 이 여인들은 예수님을 사랑할 수밖에 없었습니다. 자신의 시간과 재물을 드려 예수님을 좇았습니다. 그렇게 예수님의 공동체에 참여하면서 제자의 길에 들어선 것입니다.

이천 년 전 예수님이 공생애 기간 동안 행하신 일들은, 당시 사회와 종교계에서 엄청난 논란거리가 되었습니다. 다니는 곳마다 당대의 관습과 전통을 깨뜨리시는 예수님은 '스캔들 메이커'라고 불리며 비난을 받았습니다. 예수가 처녀에게서 태어났다는 이야기가 돌았습니다. 연약한 자, 가난한 자를 몰고 다닌다는 소문이 퍼졌습니다. 부정한 자들에게도 주저 없이 손을 대어 병을 고쳤습니다. 세리 같은 죄인과 함께 식탁에 앉았습니다. 게다가 우리가 잘 알고 있듯 하나님의 아들이라면서 십자가에 못 박혀 돌아가셨습니다.

예수님은 또 이야깃거리가 될 것을 알면서도 파격적으로 여성들을 제자로 받아들이셨습니다. 그 어떤 랍비도 이런 과감한 시도를 할 수 없었을 그때, 예수님은 새로운 시대를 여시길 원하셨습니다. 예수님은 사람들이 만들어놓은 장벽과 차별들을 하나하나 부서뜨리셨습니다. 여자도 똑같이 하나님 나라의 주인공이 될 수 있다고 선포하신 것입니다. 더 이상 성별에 의해서 사람을 차별하지 말라고 명령하시는 것입니다.

여자를 통해 전해진 부활

예수님이 복음을 전하실 때 그 곁에 열두 제자뿐 아니라 여인들도 함께 있었다고 성경은 기록하고 있습니다. 즉 여자들도 예수님과 예수님의 제자들과 함께 하나님 나라를 선포하는 일에 참여했다는 것입니다. 게다가 이 여인들은 자신의 재물을 하나님 나라 공동체를 위해서 내놓았습니다. 그것으로 예수님과 제자들을 섬기면서 동행한 것입니다.

> 그 후에 예수께서 각 성과 마을에 두루 다니시며 하나님의 나라를
> 선포하시며 그 복음을 전하실새 열두 제자가 함께하였고…… 막달
> 라인이라 하는 마리아와 헤롯의 청지기 구사의 아내 요안나와 수산
> 나와 다른 여러 여자가 함께하여 자기들의 소유로 그들을 섬기더라
> (눅 8:1-3)

여인들이 한 일을 성경은 "섬기더라"라고 표현하고 있습니다. 이 말은 헬라어로 디아코네인(diakonein)인데, '식탁에서 시중드는 일'이라는 의미입니다. 그러므로 여자 제자들은 하나님 나라 운동에 식사를 제공하는 일로 섬겼던 것으로 추정됩니다. 이뿐 아니라 섬긴다는 표현은 사역을 한다는 뜻도 담겨 있기에 여인들도 하나님 나라의 복음 전하는 일에 동참했음을 알 수 있습니다.

예수님도 사역이란 말을 하실 때 '섬긴다'는 표현을 쓰셨습니다. 하지만 제자들은 이런 표현을 꺼렸습니다. 마가복음 10장 37절을 보면 야고보와 요한은 예수님께 "주의 영광 중에서 우리를 하나는 주의 우편에, 하나는 좌편에 앉게 하여"달라고 구했습니다. 섬기는 것이 아니라 다스리는 특권을 달라고 요구했습니다. 그러자 예

수님은 그들에게 주님이 이 땅에 오신 이유를 가르쳐주십니다.

> 인자가 온 것은 섬김을 받으려 함이 아니라 도리어 섬기려 하고 자
> 기 목숨을 많은 사람의 대속물로 주려 함이니라 (막 10:45)

예수님의 삶의 중심에는 '섬김'이 있었습니다. 섬김을 받으려
는 게 아니라 섬기려고 오셨습니다. 그런데 예수님이 사용하신 동
일한 단어가 바로 여인들의 사역을 묘사하는 데 나옵니다. 예수님
을 섬기고, 하나님 나라 공동체를 섬기고, 하나님 나라를 선포하는
사역을 섬겼습니다. 아마도 남자 제자들이 쉽게 감당하지 못했던
일조차 여자 제자들은 기쁨으로 했을 것입니다.

게다가 이 여인들에게는 남자 제자들보다 더 뛰어난 부분이
있습니다. 예수님이 제자들에게 고난의 길과 십자가의 길에 대해
말씀하셨을 때, 남자 제자들은 자신들은 결코 두려워하지 않을 것
이라고 장담했습니다. 베드로는 "주를 위하여 내 목숨을 버리겠나
이다"(요 13:37)라고 큰소리를 쳤습니다. 그런데 막상 로마 병정들이
예수님을 체포해서 끌고 갔을 때, 남자 제자들은 그 자리에서 다 흩
어져 도망갔습니다. 마가복음 14장 50절은 남자 제자들이 그 위기
에서 어떻게 반응했는지를 아주 덤덤하게 기록하고 있습니다.

제자들이 다 예수를 버리고 도망하니라 (막 14:50)

그렇게 당당했던 제자들이, 예수님을 3년 동안 따라다녔던 제자들이, 위기를 직감하는 순간에 뿔뿔이 흩어졌습니다. 그런데 놀랍게도 막달라 마리아로부터 시작하는 이 여인들은 예수님의 죽음을 지켜보고 있었습니다.

멀리서 바라보는 여자들도 있었는데 그중에 막달라 마리아와 또 작은 야고보와 요세의 어머니 마리아와 또 살로메가 있었으니 (막 15:40)

사복음서 모두가 똑같이 이렇게 기록하고 있습니다. 남자 제자들은 사라졌습니다. 하지만 여자 제자들은 마지막까지 그 자리를 지켰습니다. 끝까지 남아서 죽음의 현장을 지켜보았습니다.

예수님께서 십자가에서 고난받고 돌아가신 지 사흘 만에 부활하셨을 때, 왜 처음으로 남자들에게 나타나지 않았을까요? 남자들은 무덤에 찾아가지 않기 때문입니다. 무덤이 어디에 있는지도 몰랐습니다. 그런데 여인들은 예수님의 마지막을 지켜보았고, 어디에 묻히셨는지를 확인하고 나서 집으로 돌아갔던 것입니다.

놀랍게도 부활하신 예수님의 첫 번째 목격자는 여자들입니다.

막달라 마리아가 첫 번째 목격자입니다. 그리고 예수님의 말씀을 듣게 됩니다. "내가 살아 있다는 것을 제자들에게 알리라." 마리아는 제자들에게 찾아가 예수님의 부활을 선언하게 됩니다. 이 여인은 먼저 보고 예수님의 부활을 믿게 되었지만, 남자 제자들은 여인의 이야기를 들으면서도 믿지 않았습니다.

> 예수께서 안식 후 첫날 이른 아침에 살아나신 후 전에 일곱 귀신을 쫓아내어주신 막달라 마리아에게 먼저 보이시니 마리아가 가서 예수와 함께하던 사람들이 슬퍼하며 울고 있는 중에 이 일을 알리매 그들은 예수께서 살아나셨다는 것과 마리아에게 보이셨다는 것을 듣고도 믿지 아니하니라 (막 16:9-11)

남자들이 먼저 보고, 남자들이 먼저 외친 것이 아니었습니다. 잘나고 힘 있는 남자들이 아니라 버려진 자 같은 여인, 사람들에게 조롱받던 여인, 아무도 가치 있게 여기지 않았던 여인들을 통해 부활 능력의 역사가 이 땅에 펼쳐졌습니다. 이것이 하나님의 아이러니이자 우리 인생을 뒤바꿔놓으시는 하나님의 역사입니다. 남자들이 장악했던 역사를 뒤집고, 오히려 여자들을 통해서 새로운 일을 펼치시니 참으로 놀라운 일이 아닙니까. 남녀평등시대인 오늘날 이야기가 아닙니다.

그러므로 기독교 신앙 공동체는 막달라 마리아를 선두주자로 하여 여성들에게 많은 빚을 졌다는 것을 알 수 있습니다. 그 빚은 사랑의 빚, 섬김의 빚, 복음의 빚입니다.

교회 안에서의 남녀의 역할

오늘날 우리나라의 여성 인권이 신장된 데에는 기독교가 매우 큰 역할을 했습니다. 한국에 복음이 들어오기 전까지 여성들은 역사 속에 감추어져 있었습니다. 가부장제국가에서 신음하며 한 맺힌 삶을 살아야 했습니다. 그런데 이 여인들이 예수 그리스도의 복음을 깨닫게 되면서, 생명의 소식을 듣게 된 것입니다. '나도 하나님의 딸이 될 수 있구나. 나도 하나님 나라에 동참할 수 있구나.' 짓밟혀 있던 여성 인권이 복음의 지대한 영향력에 의해 놀랍게 성장한 것입니다.

하지만 요즘 한국교회를 보면 어떻습니까. 한국 기독교 역사가 130년이나 되었지만, 여성 인권의 측면에서는 오히려 사회보다 교회가 뒷걸음을 치고 있는 것 같습니다. 교회를 섬기는 장로들은 대부분이 남성들입니다. 교회에는 여성들이 남성보다 훨씬 많은데도, 여성들이 리더십을 갖지 못하고 있습니다. 이것은 우리가 교회 리더를 세우는 데 있어서 주님의 뜻에 전적으로 순종하지 않은 결과라 할 수 있습니다. 영적으로 부끄러움을 느껴야 하는 부분입니다.

교회 안에 있는 여성과 남성들에게 부탁하고자 합니다. 여성들은 여성을 적으로 여기지 마십시오. 여성을 적으로 여기면 여성이 교회 안에서 리더의 자리에 오르기 어렵습니다. 부족한 부분이 있어도 같은 여성을 소중히 여겨야 합니다. 교회를 위해 충성할 수 있는 길을 여성들이 열어야 합니다.

남성들에게 부탁합니다. 여자라는 이유로 무시하거나 조롱하지 마십시오. 이것은 아주 쩨쩨한 남자들이 가진 오만함입니다. 그렇다고 여자를 떠받치라는 것은 아닙니다. 어리석은 남자가 되지 마십시오. 여자를 인생의 파트너로, 동역자로 대하십시오. 이것이 하나님께서 우리에게 주신 축복입니다. 남자도 여자도 하나님을 위해서, 주님의 몸 된 교회를 위해서, 이 땅에 세워질 하나님 나라를 위해서 동역하는 믿음의 동지로 서로를 바라봐야 합니다.

하나님은 우리에게 가르쳐주십니다. 예수 그리스도 안에서 남자도 여자도 차별이 없다고 말입니다. 서로를 귀히 여기며 하나님이 우리에게 맡겨 주신 하나님 나라의 역사를 이루어가는 것이 우리에게 주어진 축복입니다. 남자는 어머니를 존중하고, 아내를 소중히 여기고, 딸을 귀하게 여겨야 합니다. 여자이기 때문에 세상에서 겪을 수 있는 어려움을 남자들이 막아주어야 합니다. 하나님께서 허락하신 축복을 남자와 여자가 함께 누릴 수 있어야 합니다. 그것은 이미 이천 년 전에 예수님께서 보여주셨던 사건입니다.

교회 공동체가 사회 속에 남은 차별을 극복해나가고 회복시키는 데 힘써야 합니다. 예수님의 뜻과 사랑이 그곳에 있기 때문입니다. 이 사랑 때문에 막달라 마리아는 예수님을 두려움 없이 사랑하며 자신의 전부를 바칠 수 있었습니다.

미명의 그리스도인

1판 1쇄 인쇄 2015년 8월 21일
1판 1쇄 발행 2015년 8월 28일

지은이 김지철

발행인 양원석
편집장 송명주
책임편집 배정아
해외저작권 황지현, 지소연
제작 문태일
영업마케팅 김경만, 이영인, 윤기봉, 전연교, 김민수, 장현기, 정미진, 이선미

펴낸 곳 ㈜알에이치코리아 임프린트 아드폰테스
주소 서울시 금천구 가산디지털2로 53, 20층 (가산동, 한라시그마밸리)
편집문의 02-6443-8858 **구입문의** 02-6443-8838
홈페이지 http://rhk.co.kr
등록 2004년 1월 15일 제2-3726호

ISBN 978-89-255-5696-3 (03230)

아드폰테스 (Ad Fontes)는 '사슴이 시냇물을 찾듯이'(시 42:1)에서 나온 '원천으로 돌아가자'는
뜻의 라틴어로, 복음의 근본을 생각하는 RHK의 기독교 임프린트입니다.